hänssler

CLAUDE DUVERNOY

DER FÜRST UND SEIN PROPHET

Theodor Herzl und William Hechler,
die Wegbereiter der
zionistischen Bewegung

Claude Duvernoy, theologisches Studium in Frankreich, Studienaufenthalt in den USA. Seit 1962 in Israel. Autor zahlreicher Bücher und Schriften, zwei davon ins Deutsche übersetzt. Preisträger der Stadt Jerusalem und der Académie Française, Paris, für das Werk »Moise« (Mose).
Gründete 1973 in Genf das Hilfswerk A. C. I. (Action Chrétienne pour Israel); verheiratet, zwei erwachsene Töchter.

Die Deutsche Bibliothek – CIP-Einheitsaufnahme

Duvernoy, Claude:
Der Fürst und sein Prophet : Theodor Herzl und William Hechler, die Wegbereiter der zionistischen Bewegung / Claude Duvernoy. [Übers. von Kurt Spörri]. - Neuhausen-Stuttgart : Hänssler, 1998 (Hänssler-Paperback)
Einheitssacht.: Le prince et le prophete <dt.>
ISBN 3-7751-2958-8

© Copyright der französischen Ausgabe 1982 by Claude Duvernoy
Published 1982 by Keren Israel, Vannes, France
Originaltitel: Le prince et le prophète
Übersetzt von Kurt Spörri

hänssler-Paperback
Bestell-Nr. 392.958

© Copyright der deutschen Ausgabe 1998 by Hänssler-Verlag, Neuhausen-Stuttgart
Umschlaggestaltung: Stefanie Bunner
Titelfoto: Archiv für Kunst und Geschichte, Berlin
Satz: Vaihinger Satz + Druck
Druck und Bindung: Ebner Ulm
Printed in Germany

INHALT

Vorwort von Werner Scherrer, *Pro Israel* Schweiz   7

Einleitung   9

Wenn Christen Jerusalem nicht vergessen   17

Lehr- und Wanderjahre   29

Im Dienste Zions   59

Einsamkeit und Verbitterung   151

Geistliches Testament   191

Quellennachweis   195

Chronologische christlich-zionistische Bibliographie   197

Zeitgenössische Studien   201

Biographischer Index   203

Meinem Vater gewidmet, der, gemäß biblischen Weisungen, mich seit meiner Geburt zum Dienst Gottes geweiht hat.

VORWORT

Die Weissagung Hesekiels, sechshundert Jahre vor Christi Geburt ausgesprochen, hat in unsere Tage hinein eine ungeheuer dramatische Verwirklichung erfahren. Die Vision der wieder lebendig gemachten Totengebeine, herausgeholt aus den Gräbern der Vergangenheit, die Rückkehr ins Land der Verheißung und das Füllen mit dem Geist Gottes sind bewegend und zutiefst inspirierend.

Die ebenfalls verheißene Zerstreuung der Juden unter alle Völker gegen Ende des ersten Jahrhunderts leitete eine lange Entwicklung von Entbehrungen, Verfolgungen und Pogromen ein, deren ungeheuerlichste Epoche der planmäßig durchgeführte Holocaust während des Zweiten Weltkrieges gewesen ist. Trotzdem hat über allem Geschehen der ewige Gott gewacht, der Seine Verheißungen zu Seiner Stunde einlöste und noch einlösen wird. Die Rückkehr der Kinder Israels nach Zion ist ein langer Prozess, dessen Entwicklung von verschiedenen Geschehnissen, Einflüssen und Entscheidungen von einzelnen Persönlichkeiten bestimmt worden ist. Das Sehnen und der Wille zur Rückkehr ins gelobte und verheißene Land steigerte sich gegen Ende des neunzehnten Jahrhunderts zu konkreten Ergebnissen.

Gott gebrauchte zwei Männer als besondere Werkzeuge, welche die Einleitung zur Rückkehr maßgebend beeinflusst haben. Es ist das große Verdienst von Claude Duvernoy, dass den Lesern in diesem Buch das wunderbare Zusammenspiel von Theodor Herzl als Fürst und Pfarrer William Hechler als Prophet in lieblicher, gut auffassbarer Weise aufgezeigt wird. Im Zeitraum von fast neunzig Jahren, in dem die beiden gelebt haben, hat sich die europäische und weltgeschichtliche Entwicklung so ausgewirkt, dass wesentliche Elemente zur Gründung eines Judenstaates gelegt worden sind. Nur das Wirken füreinander und zueinander hat zu jenem epochemachenden Ergebnis des 1. Zionistenkongresses in Basel geführt.

Theodor Herzl, 1860 in Budapest geboren und bereits 1904, sehr früh von den vielen Kämpfen aufgebraucht, in Wien gestorben, war als Journalist und Schriftsteller zum Identifikationsträger des zionistischen Gedankens geworden. In seinem Buch »Der Judenstaat« entwickelte er die Idee einer eigenen Heimstätte für alle Juden. Er definierte darin die Sammlung des jüdischen Volkes und dessen Rückkehr nach Erez Israel. Die von ihm durchgeführten Zionistenkongresse brachten den Durchbruch zur Vereinigung der Juden, das Hebräisch als offizielle Sprache und die Gründung der hebräischen Universität. William Hechler, 1845 in Benares/Indien geboren und 1931 nach einem reich erfüllten Leben 85-jährig in London gestorben, hat durch seine Visionen das Leben und Werk Herzls ganz entscheidend mitgeprägt. Als Theologe, Spitalpfarrer und Botschaftskaplan vermittelte er seinem Mitkämpfer die biblischen Zusammenhänge göttlicher Verheißungen im Alten und Neuen Testament. Der unerschütterliche Glaube an die ewigen Wahrheiten und Voraussagen der Bibel gaben Hechler die innere Kraft, Enttäuschungen und Rückschläge zu überwinden. Er war Schrittmacher und Einfädler fast aller Kontakte und Beziehungen zu Fürsten und Gewaltigen jener Zeit, welche Herzl entscheidende Türen öffneten.

Das vorliegende Buch ist überaus interessant geschrieben und vermittelt in wertvoller Weise die Hintergründe historischer und geistlicher Geschehnisse, die schließlich zur Gründung des Staates Israel geführt haben. Kenntnisse und Beurteilung des heutigen Zionismus werden durch die Lektüre dieses Buches vertieft, die Sicht für die kommenden Ereignisse wird positiv erweitert.

Werner Scherrer
Parlamentarier, Gründer und Leiter
von PRO ISRAEL Schweiz

EINLEITUNG

Die Politik Gottes ist eine Realität, und dies dürfte der Grund sein, dass darüber nicht gesprochen wird. Trotz Tyrannen, Politikern und manch mittelmäßigen Staatsmännern, die sich bemühen, durch dunkle Machenschaften die Menschheit in Chaos und Ruin zu führen, lenkt Gott souverän seine Geschichte.
Es gibt ein besonders geliebtes und viel geprüftes Land – ein zum Leiden auserwähltes Land. In den Augen vieler ist es wahrscheinlich »diese mysteriöse Erwählung, die unausweichlich zu einem engstirnigen Nationalismus des Volkes jenes zornigen und rachsüchtigen Gottes des Alten Testamentes« führen musste. Es gibt aber auch ein besonders geliebtes Volk – berufen und von daher geübt in Leiden und Verachtung; es wurde in die Welt gesandt, um den Menschen die Werte von Gerechtigkeit und Nächstenliebe zu vermitteln. Dieses Land und dieses Volk, auf ewig unzertrennbar verbunden, stehen im Zentrum eben dieser Politik Gottes; nicht um daraus Hochmut zu schöpfen, sondern um das Heil der Nationen, sozusagen den magnetischen, messianischen Fixpunkt der Geschichte zu verkörpern. Es ist schwer anzuerkennen: Nicht von Memphis oder Babylonien, nicht von Athen oder Rom, sondern aus Jerusalem hat sich der alleinige Gott einer Welt voller Gewalttätigkeit und Profitgier vernehmen lassen. Die anderen Städte haben der Welt sicher viele kulturelle und spirituelle Schätze hinterlassen – nicht aber die HOFFNUNG; diese ist eine Tochter Zions. Erstaunen wir daher nicht, dass diese biblische Stadt so oft zerstört worden ist, denn die Kräfte, die die Welt regieren, wollen die Hoffnungslosigkeit der Menschen.
Es war dieser Stadt und diesem Volk durch die Jahrhunderte vorbehalten, den Ruf einer anderen Herrschaft, jener von Friede und Gerechtigkeit im Himmel und auf Erden, erschallen zu lassen, eine Herrschaft, die das Ende allen Exils, aller Leiden und Ausbeutung bedeutet.

*

Über die ganze Zeitspanne der biblischen Berichte war Israel das Ziel von Gewaltandrohungen seitens seiner Nachbarn und seiner Herren, die alle unfähig waren, die charismatischen Werte seiner Geschichte zu erkennen. Fortwährend wurden Bünde geschlossen, um dieses irritierende Volk aus der Gemeinschaft der Nationen zu vertilgen. Sie wurden in ihren Bemühungen von den Freidenkern der Antike unterstützt, welche die transzendentalen Offenbarungen ans Volk Israel als stupiden Aberglauben betrachteten; alle waren sich einig, über Israel und seine Geschichte Acht und Bann zu schleudern. Die palästinensische Landschaft besitzt eine außergewöhnliche strategische Bedeutung durch seine Position als Drehscheibe zwischen drei Kontinenten mit drei unterschiedlichen Zivilisationen. Damit rückte sie von Anbeginn in den Brennpunkt der imperialistischen Rivalitäten der umliegenden Großmächte. Die Küstenebene gehörte praktisch ununterbrochen in den Machtbereich der Phönizier und Ägypter; Israel besaß nie einen Hafen, der diesen Namen verdient hätte. Was als sein verheißenes Land betrachtet wurde, beschränkte sich ehemals auf eine zwischen feindlichen Blöcken zersplitterte Provinz abseits jeglicher bedeutender Verkehrswege, mit Jerusalem als seiner verkannten Hauptstadt. Damit war ihr die Verachtung der glorreichen Herren vom Nil und Euphrat, jener von Tyrus, Damaskus, Rom und Athen sicher.

Von daher kann man sich die Aufregung vorstellen, als sich dieses Volk anschickte, geführt von Mose und danach von Josua, seine Ansprüche auf den Kern des fruchtbaren Halbmonds geltend zu machen. Mochte es noch angehen, dass ein bewährtes Imperium sich ab und zu einen nachbarlichen Stamm einverleibte nach dem Gesetz des Stärkeren – für die Strategen, Politiker und Diplomaten jedoch war dieser Haufen revoltierender Sklaven ohne Vergangenheit und Kultur ein offener Skandal.

Der Fall der Mauern von Jericho bedeutet das erste Auftreten Israels in der Geschichte – nicht durch den Dienstboteneingang und auf Zehenspitzen! Was mag das für ein Volk sein, dem sogar Erdbeben günstig gesinnt sind? Ein unangenehmes Gefühl schleicht sich in die Seele der Mächtigen jener Zeit. In der Tat, wenn die Bne-Israel weder politisch noch juristisch Anspruch auf Kanaan erheben können, wie sollen sie sich vor dem Richterstuhl der Geschichte rechtfertigen? Werden sie schlau und geschickt die Notwendigkeit von nötigem Lebensraum oder dringende Vorrechte infolge explodierender Geburtenraten ins Feld führen? Oder werden sie alte Verträge vorweisen? Nein, denn auch auf diplomatischer Ebene ist Israel nicht eine Nation wie die andern. Um diese skandalöse Einmischung in die Geschäfte anderer zu rechtfertigen, verwendet Israel die theologische Sprache: Die Eroberung Kanaans sei ein Gehorsamsakt gegenüber dem Gott ihrer Väter, Abraham, Isaak und Jakob. Für die Theologen jener Epoche ist die Überraschung amüsant: Ja, lasst uns von diesem Gott Israels sprechen! Lasst uns das Echo aus dem Munde Pharaos hören, wie es sich über Mose lustig macht: »Wer ist dieser Jahwe? Ich möchte seine Stimme hören. Niemals habe ich seinen Namen gehört!« Dass Sklaven revoltieren, ist an sich schon ein schockierendes Phänomen, aber dass sie sich erlauben, sich auf einen eigenen Gott zu berufen, sprengt die Grenzen des Zulässigen und gefährdet die antike Gesellschaft in ihren Grundfesten.

Doch damit sind die skandalösen Ansprüche der Bne-Israel noch nicht erschöpft. Wer weiß, vielleicht hätten Memphis und Babylon diese neue Gottheit längerfristig akzeptiert, vorausgesetzt, sie hätte sich mit einem bescheidenen Platz im Rahmen der andern begnügt (man hätte ihr ab und zu erlauben können, mit Blitz und Donner in der Wüste niederzufahren) – so einen bescheidenen Platz nämlich, wie er sich für den Gott eines aus der Sklaverei ausgebrochenen Volkes geziemt. Doch erklären diese nicht ihre Gottheit als höchstes aller Wesen?! Ein Wesen, vor dem sich alle Herren, Herrscher und Könige beugen sollen – vor diesem Gott semitischer Sklaven, deren Forderungen (man wird es bald spüren müssen) soviel tödliche Gefahr für die Institutionen der Großmächte verkörpert! Kann es erstaunen, dass sich alsobald eine »heilige Allianz« zur Vernichtung Israels formiert?

*

Damit ist das seit Anbeginn und auf ewig gestellte Rätsel offensichtlich: Dieser Gott, den Israel den Nationen vorstellt, bestätigt sich nicht allein als der Schöpfer aller Dinge, sondern als Herr der Geschichte zum Segen und Heil aller Menschen – und eigenartigerweise besonders der Sklaven, Armen und Verfolgten. Die Großen dieser Welt wollen gerne den Begriff eines Schöpfergottes akzeptieren, vorausgesetzt, dieser verharre in seiner Position als Bauherr im Ruhestand. Doch sich seinen revolutionären Gesetzen der Führung dieser Welt zu unterwerfen... Die Fürsten und Tyrannen, überzeugt von ihren göttlichen Machtbefugnissen, wie könnten sie ihm Folge leisten und seine biblischen Satzungen ernst nehmen? Dieser Gott – zweifelsohne ein lieber Alter, der Mühe bekundet in seiner Rolle als Großvater – soll ihnen doch freie Hand lassen und sich damit begnügen, ihre lukrativen Geschäfte und Kriege abzusegnen. Himmel noch mal, die Priester und Geistlichen sollen ihres Amtes walten, Waffen segnen und das Volk für den Sieg beten lassen.

*

Israel hat der Welt klargemacht, dass die Menschheitsgeschichte einen Sinn hat und dass die Mächtigen der Erde nach ihren Werken gerichtet werden sollen. Israel hat der Welt klargemacht, dass Gott SEINE Pläne, trotz der Politik der Mächtigen, zum guten Abschluss führt, hin zur Machtaufrichtung eines andern Königreiches. Dieses Gottesreich hat er angekündigt durch seinen demütigen Botschafter Jesus Christus, bar aller Machtdemonstrationen und adeligem Getue, begleitet jedoch von Leiden und Verachtung seit seinem Erscheinen. Von daher nichts Natürlicheres, als dass sich Politiker und

Historiker über diese Ernennung lustig machen und den Botschafter ebenso behandeln wie den König selber: durch Verachtung und Totschweigen. »Herr, begnüge dich deiner Priester, deiner Tempel und deiner Frömmelei und lass uns Geschichte machen entsprechend unseren Lüsten und unseren Hassgefühlen. Herr, mach uns keine Geschichten, vor allem keine jüdische...!«

Stellen wir fest: In gewissem Sinn hat Gott durch sein erstaunliches geschichtliches Vermächtnis alles getan, um die Vorhaltungen der Historiker auf sich zu lenken. In der Tat betreffen die biblischen Satzungen ja nicht allein Jerusalem und das verheißene Land, als wäre Israel der Nabel der Welt, so als ob die Geschichte allein das Judentum beträfe. Wie hätten von daher die Herren von Memphis, Babylon, Rom und Athen damals und die Großen von New York und Moskau heute die unzumutbaren Vorgaben Gottes akzeptieren können?! Wie springt es doch ins Gesicht und wiederholt sich durch die Jahrhunderte, jenes verächtliche Lachen Goliaths, als er den wehrlosen David, jenen andern jüdischen Psalmensänger, auf sich hat zukommen sehen.

*

Angesichts der Berufung Israels und damit der heutigen Wiederversammlung seiner Kinder aus allen Teilen der Welt müssen wir wählen zwischen dem Lachen Goliaths, den Anzüglichkeiten und den Prophetien Moses und einiger anderer. Das »selige« Traumbild der Geschichte ist jenes des Politikers guten Willens; mit jeder Sicherheit bringt es dieses fertig, einen Mann wie Hitler an die Macht zu tragen; das zynische Traumbild der Geschichte ist jenes Hitlers selber. Das biblische Traumbild der Geschichte wertschätzt den Menschen nach seinen echten Werten, es bekräftigt sich als vollkommen apokalyptisch-eschatologisch (heilsgeschichtlich) und errichtet damit klar und für immer einen Schutzwall vor Hitler und seinesgleichen. Diese Art, die Geschichte darzustellen, könnte man biblisch betrachtet als Traumbild Zions bezeichnen, d.h. im Sinne, wie es erstmals Abraham verheißen war: ein Jerusalem, das dereinst alle Nationen um sich vereinen wird. Denn aus dieser heiligen und ausgesonderten Stadt wird der dienende Gottesknecht hervortreten und geopfert werden zum Heil aller. Und wir, die Kinder Abrahams, der Synagogen, der Kirchen und der Moscheen, warten in mehr oder weniger Verworrenheit auf seine Ankunft oder seine Rückkehr, auf seine glorreiche Erscheinung. Allein in dieser Perspektive ist der Zionismus (in Unwissenheit der Zionisten) das Wunder der göttlichen Gnade und die ausdrücklichste Bekundung der Politik des Schöpfers, die die Nationen zum Heil führen wird. Das Erwachen dieser langen und immer mehr oder weniger barbarischen Vorgeschichte zu einer echten Harmonie der menschlichen Beziehungen hängt von der Vereinigung – im prophetischen Sinn Vermählung – Israels mit seinem biblischen Land ab. Das Ende des jüdischen Exils kündet auch das Ende des Exils aller Menschen mit all ihren Schmerzen an. Die Genesung des Negev von Israel kündet vom kommenden Sieg über alle Wüsten der Erde, vom Sieg über Hunger und Durst aller Nationen. Die Kirche Christi verkündet, wenn sie treu ist, dieses Königreich aller Kreatur, doch obliegt es dem Volk Israel, es auf seine Art im heute vorliegenden politischen Umfeld anzukünden.

Wenn Gott auf ewig Israel erwählt hat, ist es nicht wegen seiner schönen Augen und auch nicht, damit Israel daraus Hochmut oder Ruhm und Ehre ziehe, sondern weil sich die Herrschaft von Friede und Gerechtigkeit für alle Nationen darin niederlassen und Jerusalem sich für immer als sein Mittelpunkt und Herz bestätigt sehen soll.

*

Jerusalem? Man hat es niemals ganz vergessen und niemals ganz zerstört. Es ersteht immer wieder aus den Ruinen, und sein Volk löst sich regelmäßig wieder aus den Klauen seiner Henker und wandert zurück ins messianische Zion – unaufhaltbares zionistisches Abenteuer. Somit bleibt Jerusalem eine Art Stolperstein unter den Füßen der Historiker, Politiker und Theologen. Diese Tatsache erstaunt uns keineswegs, ist sie für uns doch aktuell: Die (Vereinten) Nationen verweigern dem israelischen Jerusalem die Anerkennung, die christliche Welt (nicht nur Rom) will es nicht annehmen bis auf diesen Tag; und die »Erleuchteten« fehlen nicht, um diese beiderseitige Blindheit zu nähren ...

Die Mächte des Nordens und des Orients, die die Bibel Gog und Magog nennt, machen sich bereit zum letzten Kampf, den der Herr der Geschichte vor langer Zeit schon anberaumt hat. So auch die Diener des Imperialismus aller Schattierungen, den der Seher von Patmos (Johannes) Babylon genannt hat. Trotz so vieler Goliathe ist der junge David zurückgekehrt, bewehrt mit seiner lächerlichen Schleuder – trotz der Verbrennungsöfen Europas, trotz der noch so komfortablen Futterkrippen der fernen Exilländer. Niemals hat er sein Jerusalem ganz vergessen. Ihrerseits hat auch die Kirche die Stadt ihrer Geburt, ihrer Jugend und der zukünftigen Wiederkunft Christi niemals ganz vergessen, trotz ihrem Kokettieren mit so vielen Kaisern, trotz ihrer philosophisch-heidnisch verdogmatisierten Theologie und ihren Verstümmlern der Heiligen Schriften. Wir werden dazu gleich Anschauungsmaterial betrachten.

* * *

WENN CHRISTEN JERUSALEM NICHT VERGESSEN

Niemand vergisst den Ort seiner Geburt. Es scheint sogar, als ob der Mensch, je älter er wird, in Gedanken mehr und mehr dahin zurückschaut, wo seine Wiege stand. Der geistliche Geburtsort jedes Christen ist Jerusalem, und gewisse Zeichen lassen darauf schließen, dass unsere alte Kirche am Ende ihres bald 2000-jährigen Bestehens ihren Blick zurückwendet und ihr Herz schlagen spürt für den Ort, wo ihre Wiege ursprünglich stand. Es waren jüdische Evangelisten, die von Jerusalem aus den Angriff auf das griechisch-lateinische Heidentum führten – übrigens ein Heidentum, das in seinen Grundfesten schwer angeschlagen war. Mit einigen Ausnahmen verbreitete sich die neue Lehre (eigentlich mehr hebräisch als neu) über die Synagogen des Mittelmeerraumes, um, israelverbunden, wieder hinaufzuziehen nach Jerusalem. Sammelte nicht der größte aller Evangelisten, Saulus von Tarsus, im ganzen Imperium Spenden für die Armen von Jerusalem?
Die römischen Herrscher betrachteten diese neue Bewegung als eine jüdische Sekte unter anderen und behandelten sie entsprechend. Kaiser Hadrian, vom Wunsch beseelt, die gefährliche Gärung unter den Juden zu ersticken, nachdem er ganz Judäa dem Erdboden gleichgemacht und über den Ruinen von Jerusalem eine neue Stadt mit dem Namen Aelia Capitolina gebaut hatte, zerstreute die Bewohner, die überlebt hatten, in alle Winkel des Imperiums. Der Zutritt zu Aelia Capitolina war jedem Juden bei Todesstrafe verboten. Am Ort der Kreuzigung, Golgatha, ließ er einen Tempel zu Ehren der Venus errichten und befahl in der Geburtsgrotte Jesu zu Bethlehem, dem Götzen Adonis zu huldigen. All dies hat man nie ganz vergessen; das hat dazu geführt, dass sich jeder Christ nicht

nur als Semit, sondern gewissermaßen gar als Jude fühlen musste.

Dazu gesellten sich die Texte. Es sind die Texte des Neuen Testamentes, die ebenfalls eine »zionistische« Schau der Geschichte beschreiben, die von der Kirche allerdings schnell vergessen wurde, sobald diese sich, getrennt von der bald einmal verachteten »jüdischen Sekte«, auf den Treppenstufen zum Thron eines Kaisers (Konstantin d.Gr.) befand, der sich aus politischer Opportunität zum Christentum bekehrt hatte.

Der christlich inspirierte Zionismus muss mehr bedeuten als eine Sympathiebewegung für ein Volk, das unendlich gelitten und nun sein verheißenes Land wieder gefunden hat. Die biblischen Abschnitte der hebräischen Glaubenssatzungen, auf die sich der jüdische Zionismus beziehen kann, sind zahlreich, und die Kirche müsste sie eigentlich als solche akzeptieren. Es gibt gewisse neutestamentliche Texte, die alle den Vorstellungen entsprechen, die sich Christus und die Apostel über die Geschichte machten und die auch jener Zeit entsprechen, wie dies die eschatologische Literatur der hebräischen Bibel beweist. Die Zeit ist gekommen (1967), wo Jerusalem sich nicht mehr unter die Herrschaft der Nationen beugen muss und wo die »Zeit der Nationen«, wie sie Christus in Luk. 21,24 bezeichnet, zu Ende gekommen ist. Diese Aussage übernimmt Paulus in seinem vornehmsten Brief (Röm. 11,25), den viele Übersetzungen nur verstümmelt wiedergeben.

Es scheint, als ob Gott die Zeit der biblischen Offenbarung in zwei verschiedene Abschnitte getrennt hätte, die sich teilweise überschneiden oder sich folgen: die Zeit der Nationen (der Heiden), die Jerusalem besetzt halten, und die Zeit der Unabhängigkeit Israels. Als sich im Zeitablauf, nach einem sehr langen Exil, Jerusalem wieder als Hauptstadt Israels bestätigt findet, tritt es im wahren Sinn des Wortes in die messianische Zeit, die Zeit der Wiederkunft Christi, ein. Anders gesagt in die Endzeit, die Jesus auf sich bezieht – trotz den Meinungen jener Ausleger, die wir als Verstümmler der Texte bezeichnen. Es ist jene Zeit, in der die Nationen, ja die ganze Erde, der totalen Selbstzerstörung gegenübersteht. Zweifelsohne finden wir den »zionistischen« Zentraltext des Neuen Testamentes am Anfang der Apostelgeschichte: HERR, WIRST DU IN DIESER ZEIT WIEDER AUFRICHTEN DAS REICH FÜR ISRAEL? (Apg. 1,6); worauf Christus eine klare Antwort gibt: ES GEBÜHRT EUCH NICHT, WEDER ZEIT NOCH STUNDE ZU WISSEN, DIE DER VATER IN SEINER EIGENEN MACHT BESTIMMT HAT.

Dies heißt unmissverständlich, dass der Herr der Geschichte einen Zeitpunkt für das lange und blutige Exil Israels gesetzt hat und die Unabhängigkeit Israels allein in seiner Hand liegt. So lautet die zionistische »Magna charta« des Neuen Testamentes und ihre Rechtfertigung. Auch wenn es sich nur um diesen Text, um diese klare Aussage Christi handeln würde (wir haben gesehen, dass es noch mindestens zwei andere gibt), müsste die Kirche in der physischen Wiedererstehung des jüdischen Volkes, das sich um Jerusalem schart, klar die Hand Gottes in der Geschichte sehen. Der jüdische Osterpsalm (137.5) enthält die Warnung: VERGESSE ICH DICH, JERUSALEM, SO VERDORRE MEINE RECHTE. Sie richtet sich ebenso an die Kirche wie an die Synagoge, denn Jerusalem vergessen heißt, die messianische Hoffnung und den prophetischen Sinn der Geschichte zu verlieren.

*

Wir kommen zu folgenden Feststellungen: Seit der Reformation, jenem tiefgreifenden Ereignis der Rückkehr zu den Wahrheiten der Schrift, hat jede Generation jene protestantischen Stimmen vernommen, die der Kirche in Erinnerung rufen, dass Israel eines Tages sein biblisches Land wieder finden werde, und die sie dazu auffordern dazu beizutragen, diesen Tag so schnell wie möglich herbeizuführen.

Die Reformation hat dank ihrer Ernsthaftigkeit im Umgang mit den biblischen Schriften die Geschichte Israels wieder entdeckt und in demselben Zug auch das Verständnis für die prophetischen Aussagen allgemein. Überall, wo sich diese echte christliche Renaissance eingewurzelt hat, versuchten die Menschen, das Schicksal des jüdischen Volkes und seines zu Wüstensand und pestverseuchten Sümpfen verkommenen Landes zu analysieren und zu verstehen. Es ist interessant, festzustellen, wie zur selben Zeit, als sich in Europa eine bescheidene Bewegung zur Liberalisierung und Assimilation der jüdischen Massen formiert hat, sich besonders in England im Zuge der vorherrschenden puritanischen Glaubensbewegung ein wahrer protestantischer Zionismus verbreitet hat, den man bedenkenlos als »reformierte Judaisierung« bezeichnen darf. Beispielsweise John Knox oder Tyndale bringen problemlos gewisse große Figuren der hebräischen Bibel ins Spiel, welche einen Ehrenplatz sowohl in Studienkreisen als auch im täglichen Leben einnehmen; Eltern taufen ihre Kinder gerne nach biblischen Helden, weit mehr als nach lokalen Heiligen. Der Herzog von Cleveland hatte, wenn er von den Puritanern sprach, den folgenden geistreichen Ausfall: »Man kann den ganzen Stammbaum Christi auswendig lernen durch die Lektüre der Namen ihrer Regimenter.« Cromwell rief, trotz heftiger Opposition, die Juden nach England zurück in der festen Überzeugung, dass diese Geste ein entscheidender Schritt zu ihrer Wiederansiedlung im verheißenen Land sei und dass Gott dafür seine, Cromwells, Herrschaft segnen werde.

Die Gefährten Cromwells hatten in England eine Bewegung ins Leben gerufen, die nichts aufzuhalten vermochte und die im englischen Protestantismus nie untergegangen ist. Eigentlich hatten sie nur die alte jüdisch-christliche Hoffnung neubelebt, die ihnen der große Milton durch seine Lieder zur Heimkehr ins verheerte Zion in die englische Seele gepflanzt hatte. Seit dieser Wende in der englischen Geschichte setzten sich zahllose Schriftsteller, Wissenschaftler, Theologen und andere fromme Seelen in ihren Werken für die Wiederherstellung des jüdischen Volkes im biblisch verheißenen Land ein. Sogar Bischöfe wie Thomas Newton, Samuel Horsby und Robert Lowth unterstützten diese Bemühungen. Zur selben Zeit wurde in England eine Bewegung mit dem Namen »New Israel« aus der Taufe gehoben; Auswuchs eines der Zeit vorausgreifenden britischen Zionismus, der zu beweisen suchte, dass das englische Volk ursprünglich jüdischer Herkunft sei. So sollte beispielsweise das Wort »british« aus dem hebräischen Ausdruck »isch-berith« abgeleitet sein, was »Bundesgenosse« bedeutet; desselben der Ausdruck »Saxon«, der zu »Itzakson« = »Sohn Isaaks« wird. Noch ausgefallener: Die Tharsisschiffe, erwähnt in Hesekiel Kap. 27,25, sollten die Britischen Inseln mit ihren mutigen Seefahrern verkörpern, und die Rückkehr Israels in das verheißene Land am Ende der Tage sollte sich mit Hilfe eben dieser britischen Tharsisschiffe vollziehen! Die Ankündigung der Versöhnung Judas mit Israel durch den Propheten Jeremia sollte die Gemeinsamkeit zwischen London und dem neuen Jerusalem hervorheben. In diesem Zusammenhang ist es von Interesse, in Erinnerung zu rufen, dass die Königin Viktoria keinen Zweifel über ihre Nachkommenschaft aus der Linie Davids und den Königen Judäas aufkommen ließ; einer ihrer unrühmlichen Enkel, Kaiser Wilhelm II., nährte übrigens ebensolche Illusionen.

*

In den Vereinigten Staaten von Amerika, wo die puritanische Ader besonders kraftvoll hervortrat, entwickelte sich der zionistische Trend auf echt amerikanische Art, d.h. gewissermaßen in Form einer Petition. Der zweite US-Präsident John Adams lieferte die Vorlage: »Ich wünsche mir sehr aufrichtig, das jüdische Volk wieder als freie Nation in Judäa versammelt zu sehen«, erklärte er. Ende des letzten Jahrhunderts wurde Präsident Harrison im Namen der »Conference for Christians and Jews« eine Petition unterbreitet mit der Forderung, der Berliner Kongress solle »ein zweites Edikt Kyros« erlassen.

Dieselbe Vereinigung war unter ihrem Präsidenten, dem Juristen W.E. Blackstone, der Meinung, das jüdische Volk habe niemals aufgehört, das verheißene Land zu besitzen:
»Die Juden haben dieses Land nie aus eigenem Entschluss verlassen, sie haben weder einen Vertrag noch eine Kapitulation unterschrieben; sie sind in einem verzweifelten Kampf gegen eine übermächtige römische Macht unterlegen... sie wurden wie Sklaven verkauft... Seither verlangen sie in Abwesenheit eines Königs oder anderer politischer Vertretung die Rechte auf ihre Heimat durch ihre Schriften, ihren Glauben und ihre Gebete... Die Gewalttätigkeit, mit welcher Israel von seinem Land ohne irgendwelche Einspruchmöglichkeiten fern gehalten wurde, entspricht einem fortdauernden Konflikt... Keine Instanz ist in der Lage, diesem Aufruf Gehör zu verschaffen, bis ihr die Möglichkeit eingeräumt wird, diesen der einzigen zuständigen Autorität zu unterbreiten: der Internationalen Konferenz.«

In dieser Weise hat sich die protestantisch-zionistische Bewegung solide in den reformierten Ländern einzurichten vermögen und schnell versucht, sich politisch Gehör zu verschaffen und auch in den andern Ländern Europas Fuß zu fassen. Schon im frühen 17. Jahrhundert schlug der französische humanistisch-zionistische Hugenotte und Theologe Isaac de la Peyrère dem zionistischen Gedankengut eine Bresche durch seinen Aufruf an den französischen König mit dem Vorschlag, die Rückkehr der Juden ins verheißene Land in die Hand zu nehmen. 1797 stellte der Prince de Ligne gegenüber Kaiser Joseph II. in einem Memorandum denselben Antrag. Die französische Revolution hatte in ganz Europa »kabalistische« Bewegungen hervorgerufen, die eine solche Umwälzung aus eschatologischer und »zionistischer« Sicht zu interpretieren suchte. 1799 unterbreitete der Irländer Thomas Cobet dem Revolutionsführer Barras einen ähnlichen Vorschlag wie der des Prince de Ligne; es wird nicht ausgeschlossen, dass auch Bonaparte davon Kenntnis hatte. Wie dem auch sein möge: Während des Orient-Feldzuges wurden alle Juden von vornherein als Geheimagenten des französischen Generals abgestempelt.

Nachdem die Generalversammlung der Kirche von Schottland eine Untersuchungskommission nach Palästina gesandt hatte, unterbreitete sie 1839 allen Monarchen Europas ein Memorandum:

»... betreffend der Wiederherstellung des jüdischen Volkes in Palästina ... sind wir von der Wahrheit der göttlichen Verheißungen überzeugt, dass der himmlische Segen auf jenen ruhen wird, die dem jüdischen Volk in seiner gegenwärtigen Heimsuchung helfend zur Seite stehen ...«

Seit diesem Datum und genährt durch die 1832 eingetretene Nahostkrise hat sich in der offiziellen englischen Presse eine wahre »zionistische Debatte« eröffnet. Sie ließ das Rad der Geschichte in diesem Teil der Erde, der seit der Kreuzritterzeit etwas in Vergessenheit geraten war, wieder heftig in Bewegung geraten. Diese Krise im Herzen der biblischen Region wird denn auch Britannien daselbst ins politische Blickfeld rücken, sehr zum Neid der andern Mächte, und verschafft damit dem protestantischen Zionismus ein bemerkenswertes Sprungbrett. Ein ehemaliger Kaufmann aus Rumelien, Mehetmed Ali, der anlässlich des Ägyptenfeldzugs Napoleon Bonapartes als Befehlshaber der türkischen Armee berufen worden war, wird in die Würde eines Paschas erhoben. In dieser Funktion entwickelt er Ägypten rasch und gründlich durch den Einsatz europäischer Techniker und Offiziere, besonders französischer Herkunft. 1832 erobert er Syrien und marschiert auf Konstantinopel, wird jedoch vom anrückenden russischen Flottenverband in Schach gehalten. Man einigt sich: Der Zar setzt sich in den Meerengen am Bosporus fest und Ali erhält Syrien auf Lebenszeit. England, das den türkischen Sultan unterstützt (Frankreich unterstützt Ali ...), ermutigt 1839 Mahmoud II. zur Rückeroberung Syriens. Am 24. Juni desselben Jahres vernichtet Ali mit französischer Unterstützung die

23

Türken bei Nezib und bedroht Konstantinopel ein zweites Mal. Um einer zweiten Intervention Russlands zuvorzukommen, greift London ein. Zar Nicolas I. sieht die zunehmende Spannung zwischen England und Frankreich nicht ungern. England, Preußen, Österreich und Russland, beunruhigt durch die französischen Machteinflüsse in Mittelost, zwingen Ali zum Rückzug aus Syrien im Staatsvertrag von London vom 15. Juli 1840. Die Meerengen werden für alle Kriegsschiffe zur Verbotszone erklärt; das Ganze erweist sich für England unter Führung Palmerstons als glänzender diplomatischer Sieg. All das lässt vermuten, der dankbare türkische Sultan lasse London freie Hand, um sich quasi durch die Hintertür in Syrien gut und dauerhaft einzurichten.

Palmerston ist kein Verspötter der Bibel. Einer seiner ihm nahe stehenden Freunde, Lord Shaftesbury (selbst stark beeinflusst durch den berühmten »zionistischen« Pastor Mac-Caul), hat keine Mühe, ihn zu überzeugen, die messianische Zeit sei an der Uhr Israels weit vorgerückt; Großbritannien müsse – ohne natürlich seine lebenswichtigen Interessen auf der Indienroute aus den Augen zu verlieren – diese einzigartige Gelegenheit ergreifen und sich auf den göttlichen Willen, der die Geschichte lenkt, ausrichten. »Wer dich segnet, den werde ich segnen« – Shaftesbury ruft seinem Freund und Ministerpräsidenten in Erinnerung, dieses Versprechen Gottes an alle Freunde Abrahams (1.Mose 12,3) habe noch stets seine Gültigkeit. [1]

---

[1]) Auszug aus dem Tagebuch Shaftesburys vom 29.9.1838: »Habe heute Abschied genommen von Young, da ich zum Vize-Konsul von Jerusalem ernannt wurde! Die antike Stadt des jüdischen Volkes wird seinen Platz unter den Nationen wieder einnehmen, und England ist das erste Land unter den Heiden, das aufhören wird, es mit Füßen zu treten...«
Diese Aussage beweist, dass dieser Lord nicht zögert, eine mutige Auslegung des Herrenwortes aus Lukas, das wir bereits weiter oben zitiert haben, vorzutragen. In dieser demütigen Erklärung unterscheidet sich Shaftesbury von den bedeutsamen Ereignissen von Ende 1917.

Dieser junge »zionistische« Lord versteht es derart meisterhaft, bei Palmerston die Sache Israels vorzutragen, dass der Premier am 22. Januar 1839 die folgende Botschaft an seine junge und graziöse Königin (Victoria) schickt:

»Ich habe die große Ehre, Ihrer Majestät das folgende Memorandum [2] zu Füßen zu legen betreffs der gegenwärtigen Lage und der Zukunft des alten Gottesvolkes, des Judenvolkes. Die frommen Empfindungen Ihrer Majestät sind, dessen bin ich mir gewiss, bewegt von der Möglichkeit, Ihre besondere Gunst den biblischen Hoffnungen, die dieses Volk nährt, zuwenden zu können, angesichts der bedeutenden Stellung, die es Gott gefallen hat, diesem protestantischen Land, Ihrem begnadeten Thron und Mittelpunkt der Kirche einzuräumen.

Mögen, gemäß den Erwartungen dieses einzigartigen Volkes, die wir Ihrer Majestät während Ihrer Regierungszeit vorzulegen geruhen, ›Juda gerettet werden und Israel in Frieden zu Hause wohnen‹. Dies ist die Bitte des treuen und ergebenen Dieners Ihrer Majestät.« Palmerston

Wir wissen, dass die Monarchin keine Zweifel an ihrer Abstammung vom Thron Davids hatte; ist dieser Brief nicht ein Dokument aus der Schule von »Neu-Israel«? Wie dem auch sein möge: Der zionistische Ruf über den Weg des protestantischen England drang an die anmutigsten und erhabensten Ohren dieses Jahrhunderts.

Fassen wir zusammen: Zwei Ströme prägen diesen protestantischen und biblischen Zionismus. Der erste ist klar spirituell und wünscht sich nur das Wohlergehen des jüdischen Volkes

---

[2]) Bei diesem Memorandum handelt es sich um jenes, das die Schottische Kirche an alle Herrscherhäuser Europas gesandt und welches wir bereits weiter oben erwähnt haben.

und die Beschleunigung der Wiederkunft Christi. In der Tat kann ein Christ, der die Bücher der Propheten und die außergewöhnliche geschichtliche Vision Christi und der Apostel ernst nimmt, diese zionistischen Gefühle nicht anders als teilen. Der zweite verrät gewisse Besorgnisse, aber auch gewisse politische Hoffnungen im tiefsten Innern des britischen Kabinetts. Doch darf man einem Palmerston, einem Shaftesbury und später einem Balfour Vorwürfe machen, die Liebe zum verheißenen Land Israels mit den vorherrschenden Interessen der Krone in dieser Welt und insbesondere auf der Indienroute zu verbinden?

Es erweist sich in der Tat als nicht immer einfach, die beiden Ströme zu unterscheiden oder sagen zu können, welcher der beiden in puncto Elan und Energie die Oberhand behielt: jener, der aus den biblisch-prophetischen Quellen floss, oder jener, den sich die »guten« Protestanten des Foreign Office zu Nutze machten.

*

Man kann die Geschichte nicht ändern, man kann sie nur verfolgen und ihren Lauf ab und zu einmal leicht umzulenken versuchen. Die erste Hälfte des vorigen Jahrhunderts war noch nicht zu Ende, als sich London in Syrien niederließ, welchem dazumal eine Provinz angegliedert war, in der die Wiege der Synagoge und der Kirche stand. Die Nachkommen jener leidenschaftlichen Puritaner, die sich selber als aus der Bibel hervorgegangene Helden betrachteten, ließen sich in Jerusalem nieder; als Gäste der türkischen Herrscher zwar, doch mächtige und respektierte Gäste, die sich bald einmal als Eroberer und Sieger in Szene setzten. Mit etwas Geschick müsste es Britannien bald möglich werden, sein Schiff auch an jenen mystischen Küsten Palästinas, jener der Patriarchen, der Propheten und Jesu Christi selber anzulegen, um daselbst in Freude und Tränen («wie in einem Traum« gemäß dem Freudenpsalm 126,1) die Kinder Israels auf der Rückkehr ihres dornenvollen

Leidensweges an Land gehen zu lassen. Die englischen Staatsmänner dieser Zeit waren fast ausnahmslos aus Kollegien und Universitäten hervorgegangen, die tief geprägt waren von der Reformation und dem Puritanismus. Sie hätten sich, ohne die Interessen der imperialistischen Krone aus den Augen zu verlieren, den Luxus leisten können, die Erfüllung gewisser Prophetien zu fördern und, wer weiß, als Rückwirkung den Segen des Meisters der Geschichte auf die begnadete Majestät, ihr Volk und ihre Minister erwirken können ... Diese Möglichkeit lächelte den Kindern Knox' und Cromwells und wäre auch den britischen Kaufleuten der »Inseln von Tharsis« nicht ungelegen gekommen.

*

Im Jahre 1804 kündigte der Bischof von Rochester in seinem Schriftstück »Attemp to remove prejudices concerning the Jewish Nation« (Versuch zum Abbau der Vorurteile betr. der Jüdischen Nation) den Beginn der Wiederherstellung Israels für die 1860er Jahre an; und Bischof Thomas Witherby fährt im selben Sinn fort:

»Welcher Engländer, der die Worte aus Jesaja über die Rückkehr der Kinder Israels von den fernen Inseln liest, könnte sich nichts Sehnlicheres wünschen, als dass die Britischen Inseln (denen die Vorsehung Gottes eine solche maritime und kommerzielle Macht verliehen hat) die große Ehre haben möchten, zum Glück und Wohlergehen Israels beizutragen?«

1860 – in diesem Jahr erblickt in Budapest ein Kind das Licht der Welt, das den Namen THEODOR HERZL tragen wird und das zum UNGEKRÖNTEN FÜRSTEN des außergewöhnlichen zionistischen Epos werden sollte.
1845 – ermahnt Pastor Edward Bickersteth die Nationen in einer Studie unter dem Namen »Restoration of the Jews to their own Land« (Rückführung der Juden in ihr eigenes Land) mit folgenden Worten:

»Die Gefahr zu unrechtmäßiger Ausbeutung ihrer Heimkehr ist nicht gering, indem die Bemühungen ihres Wiederaufbaus zu egoistischen Zwecken verwendet werden könnten. Jede Hilfe, die wir auf nationaler Ebene zu ihrer friedlichen Rückkehr leisten können, wird Gott genehm sein und wird in unermesslichem Segen auf das entsprechende Land zurückkommen.«

1845 – im selben Jahr kommt ein anderes Kind zur Welt: WILLIAM HECHLER. Weit ab von London und Budapest, ferne von Jerusalem, aber auch in einer heiligen Stadt: Benares. Er wird seinen Platz – und welchen Ehrenplatz! – in der Reihe der protestantischen »Zionisten« einnehmen, über die in diesem Kapital die Rede ist. Er wird zum PROPHETEN – zum von allen vergessenen Propheten – des jüdischen ungekrönten FÜRSTEN werden.

Die vorliegende Schrift ist diesen hervorragenden Persönlichkeiten gewidmet: Herzl, dem Fürsten, und Hechler, seinem Propheten. Ihre ergreifende jüdisch-christliche Freundschaft verbindet sie in einem außergewöhnlichen Amt an der Wiege jenes Staates, der im Antlitz der Kirchen und Nationen den theophoren Namen ISRAEL trägt.

Möge der jüdische Leser in diesem demütigen PROPHETEN ein anderes Gesicht der Christen erkennen als jenes, das ihm während Jahrhunderten mit einer »Lehre der Verachtung« gezeigt worden ist.

Möge der christliche Leser in diesem FÜRSTEN, dessen Name »Gabe von Gott« bedeutet, erkennen, dass der Herr der Geschichte, und ganz besonders der Geschichte Israels, für seine Zwecke verwendet, wen er will gemäß der unbeschränkten Freiheit des Heiligen Geistes.

LEHR- UND WANDERJAHRE

Das Kind, das am 1. Oktober 1845 in Benares geboren wurde, ist der Sohn eines Mannes, Dietrich Hechler, der in jungen Jahren schon seine ganze Kraft in den Dienst seiner Berufung gestellt hat. Dieser kam 1812 in Voegisheim im Herzogtum Baden zur Welt, im Kreis einer Familie, in der seit Generationen die Leinenweberei betrieben wurde. Schon in seinen ersten Schuljahren entwickelte er eine ungewöhnliche Frömmigkeit, die von seinem Lehrer, einem militanten Atheisten, hart bedrängt wurde. Dieser Magister, der von Gesetzes wegen verpflichtet war, seine Schüler im Katechismus zu unterrichten, verfälschte diesen auf subtile Art und Weise zu Angriffen gegen die biblischen Texte und ging dabei bis zu einer Anzweiflung der Existenz Jesu. Doch Dietrich Hechler verspürte hinter den alten biblischen Geschichten und den Gleichnissen Christi einen viel mächtigeren Hauch, als es der kritische Geist seines Lehrers tat. Er ließ sich in seinem jungen Glauben niemals beirren und verteidigte ihn vor der ganzen Klasse. Diese verlieh ihm schließlich den Spitznamen »Halbgeistlicher«, einerseits aus Neckerei, andererseits trotz allem beeindruckt von seinem Mut. Als Jugendlicher entdeckte Dietrich Person und Werk des ersten protestantischen Missionars in Burma, Adoniram Judson. Diese Entdeckung beeinflusste seine eigene Berufung entscheidend. Er verpflichtete sich, vorerst für einige Jahre allein, und lebte als Straßenmissionar am Rand des Elendes; dann gründete er mit anderen zusammen die »Pilgermission St. Chrischona« in Basel. 1837 begegnete er dem berühmten Theologen Blumhardt, der ihn erst in die Basler Mission und danach ins Kollegium von Islington eintreten ließ.

Am Dreifaltigkeits-Sonntag des Jahres 1844 wurde er in der St.-Pauls-Kirche zu London zum Pastor geweiht, um sich im Anschluss an diese Zeremonie sogleich mit der drei Jahre jüngeren, 29-jährigen Miss Catherine Clive Palmer zu vermählen. Noch im selben Jahr (in der englischen Mission wird rasch gehandelt) schifften sich die jungen Eheleute nach Indien ein, wo sie während fünf Jahren den Posten der Chamar-Mission betreuten.

Nach William kamen zwei Mädchen zur Welt, Elisabeth 1848 und Catherine 1849. Am 4. Juli 1850 starb die Mutter, Opfer des Klimas, des äußerst beschwerlichen Lebens und der wiederholten Mutterschaften.

Drei Jahre später kehrte Dietrich Hechler aus Gesundheitsgründen nach England zurück. Seine Leidenschaft für das jüdische Volk (er bedauerte sehr, nicht eines seiner Kinder zu sein) drängte ihn in die »London Society for promoting Christianity among the Jews«. [1]

Er wurde ein ernst zu nehmender Förderer des Hebräischen und übernahm sukzessive Posten im Elsass, in London, Heidelberg, Durlach und Karlsruhe. Er vermählte sich ein zweites Mal mit Myriam Campell, verlor diese aber schon 1862; darauf 1866 ein drittes Mal mit Elizabeth Priscilla Holloway. Der ersten Ehe entsprossen drei Kinder, der zweiten vier und der dritten zwei. William Hechler ist somit das erste Kind aus der Schar von neun; ein sehr wichtiges Detail für William, wie wir sehen werden. Als Erstgeborener muss er in die Fußstapfen des Vaters treten, denn auf ihm ruhen der »Segen und die Erwählung«. Bei den Hechlers weiß man, dass die Rechte der Erstgeburt nicht in erster Linie eine Erbfrage materieller Güter

---

[1]) Diese Gesellschaft wurde bereits im Jahr 1807 gegründet. Einer seiner ersten Präsidenten, Lewis Way, Jurist, Theologe, Poet und Diplomat, begab sich im Jahre 1818 nach Aachen, wo sich die führenden Köpfe der »Heiligen Allianz« versammelt hatten. Er überreichte ein Dokument mit der Empfehlung der Wiederherstellung des jüdischen Volkes in Palästina – Bemühungen, die nur von Zar Alexander unterstützt wurden. Damit wurde zum ersten Mal die »zionistische« Idee an einer internationalen Konferenz erörtert, worauf sie ihren langen Marsch durch ein ganzes Jahrhundert begann... Es muss hier festgehalten werden, dass diese Gesellschaft in direktem Zusammenhang stand mit den Hoffnungen der pietistischen englischen Kreise, die der Mittelost-Feldzug Bonapartes erweckt hatte!

bedeutet, sondern eine Weitergabe der Berufung, Gott und den Menschen zu dienen. In dieser Familie liebt und versteht man den Jakob der Genesis; man stutzt ihn nicht zurück auf die lächerliche Dimension eines Linsengerichts und irdischer Güter... umso mehr, als das Erbe Dietrich Hechlers keinen Vergleich mit jenem Isaaks vertragen hätte!

Seit seiner frühen Jugend hört, versteht und praktiziert William Englisch und Deutsch; wir werden sehen, von welcher Wichtigkeit diese Tatsache in seinem Leben sein wird. Der Verlust seiner Mutter – er ist noch keine fünf Jahre alt – ist ein erster Schlag, dem weitere folgen werden. Seinen Vater kennt er ebenfalls kaum, verbringt er doch nahezu zehn Jahre in verschiedenen Waisenhäusern. Für William ist er immer jene ferne und Ehrfurcht gebietende »erwählte« Person, ausschließlich jenem Gott dienend, dem Schöpfervater aller Dinge, der für alles Versagen der andern aufkommt...

Um den jungen Knaben bemüht sich glücklicherweise eine Schwester seiner verstorbenen Mutter, die die gefährdete Laufbahn des Jungen in die Hand nimmt. Diese Tante ist es letztendlich, die nach vielen Umwegen William Hechler auf den Weg seines seltsamen Hirtenamtes führt. William erweist sich sehr bald als würdiger Vertreter des Erstgeburtsrechtes durch seine erstaunlichen Bibelkenntnisse, seine Leidenschaft für geographische Karten, Urkunden, Stammbäume und archäologische Gegebenheiten. »Du wirst Pastor werden!«, so beschließen die Eltern. Im Verlaufe seines jungen Lebens wird für William dieser Entschluss eine freudige Selbstverständlichkeit. »Welch schöneren Beruf könnte man sich vorstellen!?«, denkt der Jüngling, »es ist der edelste, den es geben kann, denn er bringt den Menschenkindern die göttliche Offenbarung, die einzige, die dem Leben Sinn verleiht.« Auf Grund seiner Englisch- und Deutschkenntnisse ergibt sich von selber, dass er sein Theologiestudium in England und Deutschland fortsetzt und vollendet – in Tübingen und London, wo er, wie ehemals sein Vater, in der Kathedrale St. Paul am Trinitätssonntag 1869 geweiht wird.

Er erweist sich nie als ein besonders eifriger Student und bekundet gegenüber festgelegten Programmen eine gewisse Gleichgültigkeit; auch irritiert er manchmal seine Professoren durch eine Haltung des Besserwissens. Befinden wir uns nicht inmitten jener Ära der berühmten deutschen kritischen Schule, die in den Augen des Sohnes von Dietrich Hechler ganz und gar keine Gnade finden kann? Dass man die Schriften als eine Art Rätsel betrachtet, erfüllt ihn stets mit einer gewissen Entrüstung, und die akademische Anmaßung zu entscheiden, was inspiriertes Wort ist oder nicht, bringt ein leicht verächtliches Lächeln auf die Lippen William Hechlers: Die Bibel ist das Wort des Lebens und nicht ein interessanter toter Leib, über den sich die Spezialisten beugen voller trockenem Bücherwissen und jämmerlicher Eitelkeit. Seit den ersten Jahren seines Bibelpraktikums spürt er aus diesen mysteriösen Blättern einen Hauch vom Jenseits, der vom begrenzten Verstand des Menschen nicht fassbar ist. Mehr als üblich langweilt sich William in den Vorlesungen, und er »schwänzt« sie mit Regelmäßigkeit, um seinem liebsten Zeitvertreib zu frönen: in den Büchern der Buchantiquariate zu stöbern auf der Suche nach Raritäten, Geheimnisvollem und Faszinierendem. Sein bescheidenes Taschengeld geht dafür drauf, sein restliches Leben lang.

*

Als er mit äußerster Knappheit seine letzten Examen bestanden hat, bricht der französisch-preußische Krieg aus. Er eilt hin, um sich auf der Seite, wo man Deutsch, Badisch, spricht, als Feldprediger zu verpflichten. Von Frankreich hat er bis dahin wenig Gutes gehört trotz gewissen hugenottischen Bindungen seines Vaters. In Tat und Wahrheit bleibt für ihn Frankreich das Land (und das Volk) des Widerrufs und der Hinterhältigkeit.

Die harte Erfahrung der Kriegsgräuel, der Dämlichkeit und wilden Ausgelassenheit der Männer, sobald sie irgendeine

Uniform tragen, und das verdummende Kasernenleben mit seinen ausgelassenen Sauffereien bedeuten für William die erste schwere Krise seines Lebens. Er hat solches nicht erwartet und hofft in seiner gütigen Naivität, die ihm Zeit seines Lebens eigen geblieben ist, auf einen tapferen, den Gefährten Davids würdigen Kampf. Mit Verbitterung muss er feststellen, dass die Armeen der deutschen Prinzen sehr wenig Gemeinsamkeit mit den Kampfgefährten Davids haben, und realisiert bald einmal, dass dieser Konflikt ein blödsinniger Krieg ist. William ist nicht zufrieden mit sich selbst; schließlich haben ihm diese Franzosen, obschon Katholiken und von Natur aus Possenreißer, eigentlich nichts angetan. Die Kriegsgefangenen der Deutschen scheinen nicht bösartig zu sein – und vielleicht sogar etwas weniger schwerfällig, weniger engstirnig als seine eigenen Spitzhelme, vielmehr sympathisch und sehr ungehalten, sich in diesen Konflikt verwickelt zu sehen, von dem sie weder die Ursachen noch das Ziel zu erkennen vermögen.

William Hechler ist wirklich nicht zufrieden; er hat schlecht begonnen in seinem Leben, gefangen in einem Drama von Leiden und Blut. Er wendet sich von diesem kranken Europa ab und der Sonne Afrikas zu. So finden wir ihn 1871 wieder in Lagos im britischen Nigeria in der Stellung des stellvertretenden Direktors des Trinitäts-Kollegiums und Verantwortlicher des Katechismus-Unterrichts. Er ist 26 Jahre alt und wird diesen Posten drei Jahre bekleiden.

*

Drei kurze, drei lange Jahre des Schweigens und der Vorbereitung – Vorbereitung auf was? Er weiß es nicht – er sucht seine Bestimmung. Er erkennt indes, dass er ungeeignet ist für ein Gemeindeamt mit seinen täglichen Zwängen, seinen starren Programmen und seinem monotonen Ablauf von Geburten, Vermählungen und Beerdigungen – doch was soll man tun? Ohne Zweifel wird er Missionar werden, eine Berufung, die es erlaubt, auch mit den Händen zu arbeiten und etwas zu bauen, das bestehen bleibt. Er wartet darauf, dass Türen aufgehen, ohne dass er anklopfen muss, denn es ist ihm in seinem beginnenden Hirtenamt bereits zum Lebensprinzip geworden, nie die eigenen Wünsche mit dem Willen Gottes zu verwechseln. Er denkt nicht so, wie es manche seiner Kollegen tun: »Der Herr will mich an diesem Platz«, sondern bekennt offen: »Ich möchte diesen Posten bekommen!« Er ahnt, dass sich in seinem Leben Türen öffnen werden ohne sein Dazutun, wenn die Zeit gekommen ist. Das ist das beste Zeichen, dem Herrscher über alles freie Hand zu lassen.

Doch es behagt ihm nicht, hier seine Jahre als frommer Aufseher eines afrikanischen Kollegiums zu verbringen, sei es von der »Trinität« oder nicht! Diese Gedanken schreibt er seiner Tante, der einzigen guten Fee, die über seine schwere Jugend gewacht und die von einer glänzenden Zukunft für ihren Neffen, dem Kirchenmann, geträumt hat. »Dieses Patenkind, verloren unter der sengenden Sonne Afrikas, wenn es nicht gerade mit tropischen Wolkenbrüchen zu kämpfen hat, verdiente Besseres als Lagos!« – das ist ihr Empfinden. Erwähnte Tante wohnt am englischen Hof; nicht als Hofdame, sondern als Kindermädchen mit vornehmer Verantwortung, so könnte man es nennen. Ab und zu gelingt es ihr, an höchster Stelle ein Wort einzubringen, und dies hat sie auch schon getan zugunsten dieses jungen, so vornehmen und so feinen Mannes mit so schönen blauen Augen und mit einem Profil wie David, bitte sehr; ohne spezielle Erwähnung, dass er Deutsch genau so gut beherrscht wie Englisch.

Da ergibt es sich, dass Großherzog Friedrich von Baden auf der Suche ist nach einem Hofkaplan-Erzieher für seine zwei kleinen Prinzen. »Das ist ganz unerhofft, du musst dieses Angebot sofort annehmen!«, so schreibt die Tante eilends nach Lagos. »Nicht lange zuwarten, und bitte keine Skrupel, und bilde dir nicht ein, der HERR könnte nicht einverstanden sein. Gott will dein Bestes, mein Kind, so wie deine Mutter stets das Beste für dich wollte. Du wirst in Lagos einen Nach-

folger für dich finden, und wenn du Ausflüchte suchst, wird ER einen andern Kandidaten an den Hof von Baden senden...«
»Ich nehme an!«, sagt sich William, »denn ist es nicht ein Angebot, eine Ehre, um die ich nicht gebettelt habe!?«
Damit schließt sich die mächtige Tür Afrikas für immer, so wie sich die Tür Indiens geschlossen hatte. Im Herbst des Jahres 1874 öffnen sich die fürstlichen Gitter des Schlosses von Karlsruhe vor dem jungen Reverend Hechler; er ist noch keine 30 Jahre. Aber er ist wenig beeindruckt. Der Großherzog ist ein guter deutscher Papa, einfach und offen. Er hat einige Jahre anstelle seines schwachsinnigen Bruders die Regierungsgeschäfte geführt. Seine Gattin ist die Tochter Wilhelms I. von Preußen, den er drei Jahre zuvor in Versailles selber zum Kaiser erhoben hat. Es ist übrigens nicht in der Natur Hechlers, von den Großen dieser Welt übermäßig beeindruckt zu sein. Er ist gewohnt, mit andern Größen zu leben: Ist er denn nicht besser dran mit den Persönlichkeiten seiner Bibel, die eine ganze Anzahl Monarchen vorstellt und die jenen dieses Jahrhunderts in keiner Weise nachstehen?
Ist er denn nicht im Dienste eines Größeren als diese alle zusammen?
Steht er an seinem bescheidenen Platz nicht in der Reihe der Zeugen Gottes? Wenn er sich auch vor dem Angesicht seines Schöpfers als gering betrachtet (obwohl nach Seinem Bild geschaffen...), ist er, William, vor den Menschen Vertreter und Botschafter Christi, des Königs, der dereinst über alle Herrscher herrschen wird. Dies ist mehr wert als jeder Botschafterposten, abgesehen von den weltlichen Ehrbezeugungen... So ist auf menschlicher Ebene das Eis mit dem glaubensfesten Erzherzog schnell gebrochen, wenn abends die kleinen Prinzen schlafen. Seine Majestät interessiert sich aufrichtig für die Karten, Verträge und seltsamen Berechnungen des jungen Hofkaplans und Erziehers. Dieser erstellt eine »messianische« Karte Palästinas und unterbreitet sie dem Großherzog, denn die Fragen um den Nahen Osten sind nach wie vor sehr aktu-

ell. Sie wurden durch den erst kürzlich beendeten Krimkrieg aufs Neue wieder belebt.[1]

1865 wurde der berühmte »Palestine Exploration Fund« gegründet. In ihren laufenden Berichten und besonders jenen von Charles Warren und Claude Conder wurde eine jüdische Neubesiedlung angeregt, um im verheißenen Land die ehemalige Fruchtbarkeit wieder herzustellen. »Zeichen der baldigen Rückkehr der Kinder Israels in ihre Heimat, Morgenröte der messianischen Zeiten für die Synagoge und der Wiederkunft Christi für die Kirche«, erklärt Hechler seinem fürstlichen Zuhörer. Auf Anregung Hechlers lässt sich der Großherzog gewisse Neuerscheinungen zu diesem Thema zustellen, insbesondere die Studie des Privatsekretärs Napoleons III., Ernest Laharanne, sowie die theologischen Schriften der Pastoren Hollingworth, Thomas Johnstone und Petavel. Dazu jene alten Werke, die der »zionistischen« Frage gewidmet sind und die der eifrige Liebhaber Hechler für die fürstliche Bibliothek erwirbt. Schritt für Schritt überträgt sich die Begeisterung Hechlers auf Friedrich von Baden. Der Hof zu Karlsruhe ist ein Ort, wo die unter sich verbundenen fürstlichen Familien zusammenkommen; öfters wird der junge Pastor aufgefordert, seine Studienergebnisse vorzutragen, und immer wieder ist die Rede von Jerusalem, dem verheißenen Land und der großen prophetischen Bewegung, die im Kreis der jüdischen Gemeinschaft keimt. »Ein neuer Mose wird erscheinen, der sein Volk führen wird, wenn bald schon das Ende des längsten und grausamsten Exils anbricht...«, so prophezeit Hechler vor

---

[1]) Henri Dunant hatte nach diesem schrecklichen Konflikt 1866 die »Société Universelle pour le renouvellement de l'Orient« (Universelle Gesellschaft zur Erneuerung des Orients) ins Leben gerufen und vorgeschlagen, den ersten jüdischen landwirtschaftlichen Kolonien ein diplomatisches Statut einzuräumen.

Prinzen, Herzögen und Grafen, und mehr als einmal zeichnet sich auf den Gesichtern in der Runde ein mildes, nachsichtiges Lächeln ab: Was hat sich da unser lieber Friedrich für einen komischen Vogel ins Nest geholt?

*

Ein tragisches Ereignis wird den behaglichen Lauf der Geschicke des Hofkaplans und Erziehers unterbrechen. 1876 stirbt der Thronfolger Ludwig an den Folgen eines Unfalls, und Hechler beschließt, bedingt durch die daraus folgenden Umwälzungen am Hof, Karlsruhe zu verlassen. Während sieben Jahren geht er von Kirchgemeinde zu Kirchgemeinde zum großen Bedauern seiner untröstlichen Tante: »Was werden diese improvisierten Kurzaufenthalte ihres Schützlings von Kanzel zu Kanzel an hoher Stelle für einen Eindruck hinterlassen!« In den Jahren 1876-77 finden wir Hechler in der Londoner Gemeinde St. Clement the Dane im Amt; gleichzeitig betreut er als Spitalpfarrer das Charing Cross Hospital. Die drei folgenden Jahre sieht man ihn nacheinander in Lislee, Cork und Galway, wo er sein Pastorenamt mit demjenigen eines Vorstehers der Diözese verbindet. Danach finden wir ihn in London an der St. Marylebone Kirchgemeinde wieder. Ganz offensichtlich fühlt er sich nicht wohl in seiner Haut. Was bringt ihm wohl die Zukunft? Er hat sich inzwischen den Ruf eines Originals erworben, eines wunderlichen alten Knaben und unverbesserlichen Träumers; dieser Ruf folgt ihm von Ort zu Ort. Erwartet ihn denn wirklich nichts Weiteres, Größeres als diese Kirchgemeinden? In dem Brief, den er 1879 seinem edlen Freund Friedrich von Baden schreibt, lässt er diese Vorahnung durchschimmern:

»Ich hoffe indes nach Afrika zurückzukehren, denn mein Leben gehört dem, der es mir geschenkt hat ...
Ich kann bestätigen, dass ich beschlossen habe, mit Gottes Hilfe mein Leben dem Wohl der Afrikaner zu weihen ...«

William Hechler fühlt, dass er in der Kirche ein »Outsider« ist und von daher ausgesondert für eine Spezialaufgabe. Doch Missionar in Afrika ist zu dieser Zeit nichts Außergewöhnliches.
»Was will Gott denn in meinem Leben?«, ist die Frage, die ihn schon seit 12 Jahren verfolgt. »Wie soll ich Klarheit bekommen? Wie wird das untrügliche Zeichen aussehen?« Bald wird er vierzig. Sind es die vierzig prophetischen Jahre, die es sich geziemt, in der Wüste zu verbringen ...?

*

Eine brutale Tragödie in Europa wird William Hechler für immer die Türen zu Afrika verschließen, um jene einer andern Welt zu öffnen, zu Russland. 1881 schlagen ihm zum ersten Mal die Leiden Israels ins Gesicht, und nichts könnte ihn tiefer treffen. Ist der Kreuzweg des Volkes Gottes also noch immer nicht vorbei! Beginnt er noch einmal am Ende dieses viel versprechenden Jahrhunderts, wo alle Gedanken des Hoffens erlaubt sind für Frieden und Fortschritt in der ganzen Welt, und zwar auch an einem Punkt der Geschichte, wo es scheint, die Kinder Israels seien behaglich eingerichtet in einem auf seine Zivilisation so stolzen Europa?
Schlagartig erhebt die Inquisition ihr hässliches Angesicht erneut, diesmal am andern Ende Europas, wo Hunderttausende von Juden in geschlossenen Ghettos zusammenleben. Die Welt hatte sie vergessen ...
Mitte des 17. Jahrhunderts war das polnische Judentum bis weit nach Russland hinein vorgedrungen auf der Flucht vor den Kosaken von Chmelnyckyj. Bis zum Ableben des Zaren Nikolas I. im Jahre 1855 lebte das russische Volk in sehr schwierigen Verhältnissen, wobei die Juden – einmal mehr – den am meisten verachteten Teil der Nation verkörperten. Mit der Thronbesteigung Alexanders II. erhob sich ein Hauch der Hoffnung über dem Imperium. 1861 »befreite« der Zar die Leibeigenen; tatsächlich kamen sie aber nur aus der Hand des

einen Herren in die eines andern. Aus den Universitäten kam eine ernsthafte revolutionäre Bewegung, in der sich trotz der herrschenden Gesetze des Numerus clausus eine beachtliche Anzahl jüdischer Studenten hervortat. Diese jungen Leute hatten beschlossen, mit dem Volk gemeinsame Sache zu machen, doch wurden sie oftmals falsch verstanden und mehr als üblich bei der Polizei denunziert. Da einem jahrtausendalten Sprichwort zufolge stets ein Sündenbock gefunden werden muss und die jüdischen Studenten nihilistischen, anarchistischen und andern revolutionären Kreisen zugeordnet wurden, war ein geeigneter Vorwand zu Pogromen schnell zur Hand. Das erste dieser organisierten Massaker brach 1871 in Odessa aus. Die Ermordung des Zars, zehn Jahre später, löste eine ganze Serie weiterer Pogrome mitten in der Karwoche aus: Allein im Distrikt Kiew zählte man nicht weniger als 46 Massaker, viele davon mit dem Segen der orthodoxen Kirche. Der eigentliche Herrscher Russlands, der Prokurator der »Heiligen Synode«, Pobiedonotsev, ehemaliger Erzieher des Zaren, brachte die »Mai-Gesetze« zur Anwendung: Die Juden werden vom öffentlichen Leben ausgeschlossen und ihr Aufenthalt in mehreren Provinzen verboten. Es geht nicht mehr darum, sie zu russifizieren, sondern sie als ethnische Gruppe zu ersticken. Der neue Inquisitor der »Heiligen Synode« schlug folgende Lösung vor: Vernichtung des russischen Judentums durch 1/3 Bekehrung, 1/3 Landesverweisung und 1/3 durch Verhungern- und Erfrierenlassen!
Die Polizei sorgte dafür, dass diesem Befehl getreulich Folge geleistet wurde. Europa entrüstete sich oft in scheinheiliger Art und Weise, indem es sich mehr gegen das russische Regime als gegen die Pogrome selber erhob. Die Hydra des Antisemitismus begann sich über den ganzen Kontinent auszubreiten.
In Großbritannien, wo das jüdische Volk seit Jahrhunderten in Frieden lebt und sich einer behaglichen Ruhe erfreut, ist die Aufregung beträchtlich. Parlament und Kirche handeln gemeinsam: Viele Hilfsorganisationen werden ins Leben geru-

fen und von den höchsten Persönlichkeiten des Landes befürwortet. William Hechler ist vor kurzem ins Sekretariat der Bibelgesellschaft von London eingetreten. Diese verbreitet weltweit Millionen von Bibeln in allen Sprachen. Wie könnte sich unser Pastor den Hilfsorganisationen nicht anschließen?! Anfang 1882 plädiert er vor der Direktion der Bibelgesellschaft für die Rückführung der russischen und rumänischen Juden nach Palästina; die Versammlung findet bei Lord Tempel statt, der beschließt, diesen vorzüglichen Anwalt der Juden ins pogromisierte Russland zu senden, um vor Ort Nachforschungen anzustellen. Odessa solle sein Stützpunkt sein, beschließen Lord Tempel und der rüstige achtzigjährige zionistische Lord Shaftesbury. Übrigens fährt Hechler nicht allein, sondern in Begleitung eines andern begeisterten Zionisten, Sir Laurence Oliphant.[1]

Tatsächlich war es in Odessa, wo der erste Pogrom ausgebrochen ist. Doch ist diese Stadt besonders geprägt durch die Entstehung einer Vereinigung intellektueller Juden unter dem aufschlussreichen Namen »Geliebte von Zion«. Während der ganzen Rundreise der Londoner Delegation in Osteuropa wurden ihre Mitglieder mit Inbrunst empfangen; Oliphant schreibt in seinem Tagebuch vom März 1882:

---

[1]) Englischer Schriftsteller und Diplomat, geboren in Kapstadt 1829. Er schrieb 1878 ein Memorandum, in welchem verlangt wird, jüdische Pioniere unter der Protektion des Sultans in Palästina anzusiedeln. Als Parlamentsmitglied gelang es ihm, den Prince of Wales, Lord Salisbury, und den französischen Minister Waddington für seine Sache zu gewinnen. Er hatte schon frühen Kontakt mit den ersten »Geliebten von Zion« und wird in Konstantinopel sehr freundlich empfangen, doch wird durch den Sturz Disraelis 1880 seinen »zionistischen« Plänen ein Ende gesetzt. Er lässt sich anschließend in Haifa nieder und erweist sich bis zu seinem Tode am 23. Dezember 1888 als ein echter »Geliebter von Zion«.

»Bei jeder Zwischenstation versammelten sich die Juden massenweise und überbrachten Petitionen mit dem Wunsch, sich in Palästina niederzulassen; sie waren anscheinend zutiefst überzeugt, dass die Zeit der Rückkehr ins verheißene Land gekommen war und dass ich der Mose dieser Heimkehr wäre...«

Man kann sich ohne Mühe vorstellen, welche Wirkung solche Erlebnisse auf die Person Hechlers erzeugt haben. Bald nach seiner Ankunft in Odessa knüpft er Verbindungen zur Gruppe der »Geliebten von Zion« und begegnet einem seiner führenden Köpfe, Dr. Pinsker. Dieser hat soeben unter Lebensgefahr eine Studie in deutscher Sprache veröffentlicht unter dem Namen »AUTO-EMANCIPATION!«. Diese versieht der Pastor, wie es seine Gewohnheit ist, mit Anmerkungen. Hier einige Abschnitte, die auf Hechler einen gewaltigen Eindruck ausgeübt haben:

»Das uralte Problem der Judenfrage setzt wie vor Zeiten so auch heute noch die Gemüter in Erregung. Ungelöst, wie die Quadratur des Zirkels, bleibt es, ungleich dieser, immer noch die brennende Frage des Tages. Nach unserer Auffassung besteht der Kernpunkt des Problems in folgendem: Die Juden bilden im Schoß der Völker, unter denen sie leben, tatsächlich ein heterogenes Element, welches von keiner Nation assimiliert zu werden vermag, demgemäß auch von keiner Nation gut vertragen werden kann. Unter den lebenden Nationen der Erde stehen die Juden als eine schon seit langem abgestorbene Nation da. Mit dem Verlust ihres Vaterlandes sind sie ihrer Selbständigkeit verlustig gegangen und einer Zersetzung anheim gefallen, die sich mit dem Wesen eines einheitlichen, lebendigen Organismus nicht verträgt.
Die Welt erblickt in diesem Volke die unheimliche Gestalt eines Toten, der unter den Lebenden wandelt... Es hat sich eine Scheu vor dem Judengespenst durch Geschlechter und Jahrhunderte vererbt und befestigt... Der Kampf gegen diese Angst bleibt erfolglos... Denn mit dem Aberglauben kämpfen selbst Götter vergebens. Die legale Emanzipation der Juden ist der Kulminationspunkt der

Leistungen unseres Jahrhunderts. Aber diese legale Emanzipation ist nicht die gesellschaftliche, und mit dem Dekretieren der ersteren sind die Juden noch bei weitem nicht von der Ausschließlichkeit ihrer gesellschaftlichen Stellung emanzipiert ...
Dort, wo sie in größeren Massen angehäuft sind, leiden sie schon durch ihre Zahl ... In den westlichen Provinzen Russlands sehen wir die dort zusammengepferchten Juden im schauerlichsten Pauperismus ein kümmerliches Dasein fristen. Und dennoch hört man nicht auf, sich über die Exploitationen (Ausbeutungen) der Juden zu beklagen. Resümieren wir das Gesagte, so ist der Jude für die Lebenden ein Toter, für die Eingeborenen ein Fremder, für die Einheimischen ein Landstreicher, für die Besitzenden ein Bettler, für die Armen ein Ausbeuter und Millionär, für die Patrioten ein Vaterlandsloser, für alle Klassen ein verhasster Konkurrent. Wenn alle Völker der Erde nicht imstande waren, unser Dasein zu vernichten, so vermochten sie nichtsdestoweniger, in uns das Gefühl unserer nationalen Selbständigkeit zu ersticken ... Indem wir unser materielles Dasein zu erhalten suchten, waren wir nur zu oft gezwungen, unsere moralische Würde außer Acht zu lassen ...
Man sollte meinen, dass in den Reihen unserer Feinde die genialen Männer wie Brombeeren an der Hecke wachsen. Die Armseligen! Dem Adler, der einst zum Himmel emporstieg und die Gottheit erkannte, machen sie den Vorwurf, dass er nicht hoch genug in den Lüften schwebt, wenn ihm die Flügel abgeschnitten sind. Doch auch mit abgeschnittenen Flügeln sind wir auf der Höhe der großen Kulturvölker geblieben. Gönnt uns einmal das Glück einer Selbständigkeit, lasset uns über unser Schicksal allein verfügen, gebt uns ein Stückchen Land, wie den Serben und Rumänen, gönnt uns erst den Vorteil einer freien nationalen Existenz – dann wagt es, ein absprechendes Urteil über uns zu fällen ... WAS UNS FEHLT, IST NICHT DIE GENIALITÄT, SONDERN DAS SELBSTGEFÜHL UND DAS BEWUSSTSEIN DER MENSCHENWÜRDE, DAS IHR UNS GERAUBT.«

Hechler ist von diesem kleinen Mann begeistert, der es wagt, den Nationen und seinem eigenen Volk solche Dinge zu sagen (man möge sich die Reaktionen unter den deutschen und österreichischen Juden vorstellen!). Doch ein Abschnitt hält ihn auf und versetzt ihm einen Schlag:

»*Wenn wir um eine sichere Heimat besorgt sind ..., so dürfen wir vor allem nicht davon träumen, das alte Judäa wiederherzustellen. Wir dürfen nicht dort wieder anknüpfen, wo einst unser Staatsleben gewaltsam abgebrochen und zertrümmert worden ist ... Nicht das ›heilige Land‹ soll jetzt das Ziel unserer Bestrebungen werden, sondern das ›eigene‹... Dorthin wollen wir das Heiligste mitbringen, was wir aus dem Schiffbruch unseres einstigen Vaterlandes gerettet: die Gottesidee und die Bibel. Denn nur diese sind es, welche unser altes Vaterland zum Heiligen Land gemacht, nicht etwa Jerusalem oder der Jordan. Möglicherweise könnte das Heilige Land auch unser eigenes werden. Dann umso besser...*«

Aber die Propheten, Doktor Pinsker! Eure Propheten, die ihr zu eurem heiligen Erbe zählt, habt ihr die Verheißungen Gottes an Abraham und seine Kinder vergessen: »Dieses Land gebe ich euch – für immer«? Glaubt ihr, dass euch die Nationen ein anderes Land als dieses geben werden? In welchem anderen Land könnt ihr das biblische Wort geltend machen? Hechler schlägt die Bibel auf und zitiert Amos, Jeremia, Jesaja und die andern. Entgegen seiner Überzeugung ist Pinsker gerührt, sich die mehr oder weniger vergessenen alten biblischen Verheißungen in Erinnerung rufen zu lassen von diesem »neuartigen« Christen, diesem begeisterten und überzeugenden Pastoren.
Damit hat William Hechler sein neues, unvergleichliches Predigeramt begonnen: Einbringen einer seelischen Zulage für die Theoretiker des aufwachenden Zionismus.
Die zwei Männer sind sich nie wieder begegnet, doch darf man annehmen, dass diese nächtlichen Gespräche Ende Sommer 1882 in Odessa im Gedächtnis Pinskers lebendig geblieben sind. Als er drei Jahre später zum Präsidenten der »Geliebten

von Zion« gewählt wurde, widmete er in der Tat seine ganze Kraft den Anstrengungen zu jener heldenhaften jüdischen Neubesiedlung Palästinas.

Ein Detail hatte den Geist der Juden von Odessa in Beschlag genommen: Hechler war der Überbringer eines Briefes der Königin Viktoria an den Sultan! Dieser Brief, gegengezeichnet von Lord Rosebery, enthielt eine Anfrage an den Herrscher des Tores zum Orient betreffs seiner Bedingungen für eine Zuflucht für die verfolgten russischen Juden in Palästina, das zu seinem Hoheitsgebiet gehörte. Erinnern wir uns: Vor mehr als vierzig Jahren hatte Lord Palmerston seinen berühmten Brief an seine junge Monarchin gesandt, und nun wendet sich diese persönlich an den Sultan.

Dieser Brief hat indes seinen Empfänger nicht erreicht, und William Hechler entdeckt zum ersten, aber nicht zum letzten Mal die Machenschaften hinter den Kulissen jeder hohen Politik. Die britische Botschaft in Konstantinopel blockiert den königlichen Brief, was die Vermutung zulässt, dass geheimnisvolle, gar okkulte Kräfte in den Kanzleien am Werk waren, die auch nicht zögerten, sogar den königlichen Willen zu sabotieren... Die Existenz dieses Briefes genügte jedoch, man kann es wohl verstehen, gewaltige Hoffnung in den Herzen der »Amants de Sion« zu erwecken.

Hechler selber ist erschüttert von der Begegnung mit diesen Juden, die Jerusalem nicht vergessen haben; er geht von Entdeckung zu Entdeckung und erweckt Begeisterung, wo immer er auftritt. Die Bibelgesellschaft von London hatte ihm aufgetragen, Nachforschungen an den Orten der Pogrome anzustellen, um die nötige finanzielle Ersthilfe abschätzen zu können. Im Kontakt mit diesen bewegten »Geliebten von Zion« stellt sich Hechler spontan auf ihre Seite, was ihm erlaubt, seine Mission auf die ihm eigene originelle Art und Weise persönlich zu erweitern: Er stellt Nachforschungen an über den Stand des Zionismus, wo immer er sich aufhält, und verficht überall die Idee einer Rückkehr des jüdischen Volkes ins biblisch verheißene Land. Er hält Kurzvorträge gegen Gage zur

Aufbesserung der schwachen Finanzen der zionistischen Bewegung. Er stürzt sich in harte biblische Kontroversen mit zahlreichen Rabbinern, die der Sache der »Geliebten von Zion« unter dem Vorwand entgegenstehen, allein der Messias könne den endgültigen Aufbruch ins verheißene Land auslösen. Er ruft ihnen in Erinnerung, dass Gott während der langen Geschichte Israels aus der Treue der Juden niemals eine Bedingung »sine qua non« seiner eigenen Treue gemacht habe. Gott wird nicht zögern, auch andere Männer als nur Theologen oder Priester für seine Pläne einzusetzen.

Sind es zudem nicht vielmehr die Leiden des Volkes als die Kultusträger, die Israel nach Jerusalem zurücktreiben? Ohne die Sklavenschinder der Pharaonen hätte es keinen Mose und damit keine österliche Erlösung gegeben. Ohne die russischen Pogrome keine »Geliebten von Zion« und ohne diese keine heldenhaften Kolonien im Heiligen Land. Gewiss darf man mit Wundern rechnen, aber diese erscheinen immer als Zugabe zu den Werken des Volkes. Die Menschen, die Gott ruft, sind niemals »kleine Heilige«, und der Messias wird wiederkommen, wenn du, Israel, die Pfade von Jerusalem bereitet hast und jene des Negev, der auch zum Wiederblühen bestimmt ist.

In Odessa entdeckt Hechler auch die Werke mehrerer zionistischer Rabbiner und verwendet ihre Argumente mit viel Geschick. So machte der 1798 in Sarajevo geborene Rabbiner Yehuda Alkalai aus seinem Priesteramt ein lebhaftes Plädoyer für die Rückkehr nach Zion.[1]

Seine Ausführungen machen einen packenden Eindruck auf William Hechler:

»Es gibt zwei Arten von Rückkehr: die individuelle und die kollektive. Die persönliche Rückkehr setzt den Bruch jeden Wesens

---

[1] Dieser selbe Rabbiner wird zum geistlichen Meister des Großvaters von Theodor Herzl.

mit seiner verdorbenen Natur und seine Reumütigkeit voraus. Die gemeinschaftliche Rückkehr bedeutet andererseits, dass ganz Israel heimkehren muss ins Land seiner Väter, um dort den heiligen Willen Gottes zu hören und das Joch des Himmels auf sich zu nehmen. Diese gemeinsame Rückkehr wurde von den Propheten angekündigt, und trotz unserer Unwürdigkeit wird der Himmel uns beistehen aus Liebe zu den Vätern. Leider sind wir heute zerstreut und zerstritten, dies ist ein großes Hindernis für unsere Erlösung ... Diese Erlösung muss beginnen durch die Bemühungen der Juden selber. Sie müssen sich vereinen und sich organisieren, sich ihre Führer auswählen, um die Länder des Exils hinter sich zu lassen ...«*

Hören wir Rabbiner Kalisher (1795–1870), dem es gelungen ist, mehrere wohlhabende Juden, unter anderem Sir Moses Montefiore, zu überzeugen, die Rückkehr nach Zion finanziell zu unterstützen. Auszug aus seinem Hauptwerk »Auf der Suche nach Zion«:

»... die Erlösung wird mit Unterstützung großer Philanthropen und dem Einverständnis der Nationen zur Zusammenführung der Verbannten im Heiligen Land beginnen. Der Prophet Jesaja hat es so verkündet (Kap. 27), wobei er durchblicken ließ, dass Israel nicht geschlossen zurückkehren werde, sondern stufenweise, so wie sich der Weizen anhäuft, wenn er gedroschen wird ... Gott wird unsere Arbeit segnen ... vor allem aber wird unser Werk auf unserer Erde die messianische Erlösung beschleunigen ...«

Hechler freut sich festzustellen, dass einige jüdische Theologen die prophetischen Texte im Sinne der sich anbahnenden packenden Geschichte des Mittleren Ostens zu interpretieren verstehen. Leider sind es sehr wenige, und wer wollte sich schon in den gelehrten Kreisen der Kirchen um ihre Schriften kümmern, wer wäre bereit, ihnen irgendwelche Glaubwürdigkeit einzuräumen?
Als der Abgesandte der Bibelgesellschaft im Verlauf des Herbs-

tes 1882 nach London zurückkehrt, haben sich seine zionistischen Empfindungen gewaltig vertieft. Er hat mit eigenen Augen die Kinder Israels leiden sehen; gewiss, diesmal nicht in Ägypten, doch auch hier sich aufbäumend unter den Schlägen und den Blick nach der Heimaterde Jerusalems gewendet. Er hat sie aufbrechen sehen, diese naiven Studenten, diese Intellektuellen in langen schwarzen Mänteln, unvorbereitet für die harte Pionierarbeit. Mit nackten Händen gingen sie in den Kampf gegen Sand, Sumpf, Malaria, Skorpione und den Tod. Wie könnte man sich diesen Beginn des Auszugs anders erklären als durch den mysteriösen Eingriff des Heiligen Geistes? Doch der Bewegung fehlt ein Mose... Pinsker ist ein großer Mann, vor allem aber ein Theoretiker. Wo bleibt jener Mann, den William Hechler dem Großherzog Friedrich angekündigt hat?

Ist er schon geboren? Und wie könnte man selber einen weißen, messianischen Baustein zum mystischen Tempel dieses verheißenen Landes bringen, das in Geburtswehen liegt? Wie zu den königlichen Toren dieses noch schlafenden Jerusalems vordringen? Wie zu seinem Erwachen beitragen?

*

Unverhofft eröffnet sich eine einmalige Gelegenheit: Wenn die königlichen Türen Jerusalems vor Hechler noch geschlossen sind, könnten sie sich sehr wohl für William als möglichem Titelhalter des Bischofssitzes von Jerusalem aufschließen! Infolge der Orientkrise und des damit verbundenen Erscheinens der britischen Macht in Syrien wurde 1840 in Jerusalem ein anglikanischer Bischofssitz eröffnet. Bislang waren die Angehörigen der protestantischen Mächte Europas als solche vom ottomanischen Machthaber nicht anerkannt worden; einzig die christlichen Gemeinden, die im Heiligen Land zum Zeitpunkt der arabischen Eroberung bereits anwesend waren, genossen einen legalen Rechtsstand als Minorität. Im Friedensvertrag von London vom 15. Juli 1840 waren sich England, Russland, Österreich und Preußen einig geworden, der Vorherrschaft Frankreichs in Mittelost einen Riegel vorzuschieben. Durch die Hintertür gelang es Preußen seinerseits als bedeutende protestantische Macht, in dieser Region Fuß zu fassen. Dies geschah im Zusammenhang mit Preußens allgemeiner politischer Tendenz des »Drangs nach Osten«, welche eine der zentralen Ursachen zum ersten Weltkrieg und dem damit verbundenen Eintritt der Türkei an der Seite Deutschlands gewesen ist.

Im Jahre 1840 beginnen die Verhandlungen zwischen den beiden protestantischen Hauptstädten London und Berlin einerseits und Konstantinopel andererseits. Letztere hat allen Grund, ihren Verhandlungspartnern Dankbarkeit zum Ausdruck zu bringen, welche der tödlichen Bedrohung durch Mehetmet-Ali, dem Verbündeten Frankreichs, ein Ende bereitet haben. Die Abmachungen lauteten dahin, dass die zwei Monarchen gemeinsam einen protestantischen Bischof ernennen und dessen Einkünfte von den zwei beteiligten Höfen getragen würden. Der neue Bischof würde als Pastor und Beschützer der englischen und preußischen evangelischen Christen amtieren. Anfang 1884 wird der bischöfliche Sitz durch den Tod seines ersten Titulars, dem jüdischstämmigen Michael Salomon Alexander, herrenlos.

William Hechler wird dem deutschen Kaiser Wilhelm von Preußen durch Friedrich von Baden vorgeschlagen. Hechler wird seinerseits und zum ersten Mal vorstellig, um seine eigene Sache zu vertreten, indem er dem Kaiser seine eben fertiggestellte Abhandlung mit dem Titel »The restoration of the Jews to Palestine according to the prophets« zukommen lässt (Die Wiederherstellung der Juden in Palästina gemäß den Propheten). Geht es nicht um Jerusalem? Hat er nicht sein ganzes Leben – die 40 mühseligen Jahre, die zu Ende gehen – auf diese Begegnung, auf diesen Aufenthalt hin vorbereitet? Kommt er nicht von einer umwerfenden Rundreise an der Lebensader eines verfolgten Israel zurück? Hat er nicht gewissermaßen die Geburtswehen der Rückkehr miterlebt an der Seite der »Geliebten von Zion«? Hat er sich nicht offen an ihre Seite

gestellt, um vor feindseligen Rabbinern ihre Sache zu vertreten? Was würde er doch vor Ort alles in ihrem Interesse vollbringen können, dort im Zentrum des Problems, ausgestattet mit beträchtlicher geistlicher Macht als Bischof zweier großer Herrscherhäuser! Könnte er nicht von diesem Bischofssitz aus Bedeutendes beitragen zur Öffnung der Türen zum verheißenen Land für diese jüdischen Kinder?
Dieser Mann träumt vor seinen Karten und Modellen, seinen lieben alten Handschriften, den antiken Stichen der Heiligen Stadt und des zerstörten Tempels. Nun ist er endlich am Ziel, nachdem er Asien, Afrika und die Höfe Europas kennen gelernt hat. Jetzt winkt ihm Jerusalem – ist es ein Wink Gottes? Wie könnte man diesem Ruf der alten, unbeugsamen Mutter widerstehen, die ihre Kinder in jahrtausendalter Trauer vor den Steinen des Tempels erwartet ... mit dem Rücken zur Wand, dieser Mauer aller jüdischen Klagen? Vorwärts, William, klopfe an!
Dieses Tor der Stadt Davids, das sich für einen englischen Pastor zu öffnen scheint, wird von einer andern englischen Hand wieder zugestoßen. Der anglikanische Erzbischof ist nicht da, um sich in Gefühlsduselei zu ergehen, auch nicht um die Wünsche eines seiner naiven Priester zu erfüllen. Er ist da, um seine Leute an den für ihn strategisch bedeutsamen Orten und nach den Vorgaben des Augenblicks einzusetzen. Es bestätigt sich: Die Bischöfe sind nicht da, um den Willen der Propheten zu tun ... Dieser Hechler ist gewiss ein guter Mensch, doch seine Laufbahn ist etwas unorthodox: Lehrer hier, Hofkaplan dort, das ergibt noch keinen soliden Theologen; seine Dogmatik lässt stark zu wünschen übrig, sein Vorleben ist klar pietistisch und seine wissenschaftlichen Publikationen (wichtig solche Publikationen für einen Theologen, sehr wichtig) nicht mehr als eine bescheidene Auflistung über die Rückkehr der Juden nach Palästina, eine Auflistung, der ein penetranter Geruch von Geheimniskrämerei anhaftet ...
Im Endeffekt leidet Hechler an einem ausschlaggebenden Handicap für seine Bewerbung für diesen bischöflichen Sitz:

Er ist nicht jüdischer Abstammung. Für diesen Posten in Jerusalem darf ganz offensichtlich nichts Besseres in Frage kommen als ein bekehrter Jude – feine und diskrete Art und Weise, die »Überlegenheit der Kirche über die verachtete Synagoge« zu bekunden. So muss die Überlegung jedes Erzbischofs sein, der etwas auf sich hält, die vermessenen Träume eines zionistischen Pastors hin oder her!

*

William, du wirst nicht Bischof von Jerusalem werden. In zehn Jahren wird ein anderer kommen, der dir diesen Sitz zusprechen wird. Jener jüdische Fürst, den du mit beharrlicher Ausdauer erwartest wie ein Wachposten die Morgenröte. Jener andere Träumer und Visionär ähnlich dir selber. Ihr werdet gemeinsame Träume schmieden, einer für den andern, aber nie wird die Krone Davids auf seinem Haupte ruhen, und auch du wirst nie auf dem Stuhl der Apostel sitzen.

Doch trotz allem wird das goldene Tor Jerusalems sich vor dir öffnen, kurz nur, gleich einem flüchtigen Eindringen in das Königreich. Es wird sich vor euch, dem Fürsten und dem Propheten, aufschließen, und ihr werdet darin einige Schritte tun wie in einem Traum, und die schweren Torflügel werden sich vor euch für immer schließen.

William, Prophet des Fürsten, du wirst die Stadt nur flüchtig betreten dürfen; die Zeiten sind noch nicht reif für jenes Königreich und für dein Bischofsamt. Sehr bald bekommt ihr Gelegenheit zu einem Blick von dem Berge Nebo; begnügt euch damit – es reicht aus und ist gut so; ihr habt da einen erlauchten Vorgänger...

*

Hechler steckt den Schlag ein, doch im tiefsten Herzen bleibt eine Wunde, die nicht heilen wird. Die hohen politischen und kirchenstrategischen Kräfte, die hier ins Spiel kommen, werden sich in all den Bewegungen wiederfinden, die sich gegen den aufkommenden Zionismus wenden. In den letzten Jahrzehnten seines langen Lebens wird Pastor Hechler ausreichend Zeit finden, sich mit ihren verschiedenartigen Erscheinungen auseinander zu setzen. Während eines kurzen Augenblicks befand er sich im Zentrum dessen, was man als Politik Gottes bezeichnen könnte – einzige Politik, die man nicht beugen kann. Man kann nur warten und lästiges Betteln unterlassen. Genau dies ist nicht die Ansicht seiner Tante, der guten Fee in London, die alles unternimmt, um für den in seinem Glauben angeschlagenen Neffen einen Trostposten zu erlangen – in Gestalt eines Botschaftskaplans in der kalten Hauptstadt von Schweden. Hechler nimmt an – dies oder etwas anderes, was soll's! Diesen Posten hält er während vierzehn Monaten. Im Frühling 1885 wird er mit derselben Funktion in die Hauptstadt des österreichisch-ungarischen Kaiserreichs, Wien, berufen. Es scheint, als würde dieser außerordentliche Pastor nach seiner Ansammlung vieler Kirchgemeindeämter nun auf den Sprung von einer Botschaft zur andern ansetzen.

So eine Art vergoldete Halbrente und kaum vierzig. Er kommt ins Zweifeln. Wenn man von Jerusalem träumt und Hechler heißt, hinterlässt einem jede andere Hauptstadt einen schalen Geschmack im Mund. Wien, Hochburg des Katholizismus, voll eitler Ruhmsucht im Dreivierteltakt – das ist für ihn schon fast ein Alptraum. Die Stelle eines protestantischen Kaplans ist ein Ruheposten; ein Minimum an kirchlichen Handlungen, jeden Sonntag eine Predigt und ein frommer Botschafter, der sich selber gerne im Chorraum produziert. So verstreichen weitere zehn Jahre, eintönig langweilig, in denen der Kaplan immer einsamer, exzentrischer und wunderlicher wird.

Lassen wir diese ereignislosen Jahre verstreichen und wenden wir uns den Abhandlungen Hechlers zu, bescheidener, aber ursprünglicher Beitrag zur umfangreichen Schriftensammlung über den protestantischen Zionismus. [1]

*

---

[1]) Im Anhang befindet sich die Liste der hauptsächlichsten Werke dieser Schriftensammlung.

Aus dieser kurzen Abhandlung von einigen Seiten wollen wir zwei besonders wichtige Punkte festhalten. Der erste zielt dahin, die Hauptargumente der antizionistischen Theologie zu entkräften, die sich auf zwei Pfeiler stützt:
a) Die Prophetien über die Rückkehr Israels wurden alle anlässlich der Heimkehr von Babylon erfüllt.
b) Alle, aber auch wirklich alle Prophetien sind erfüllt im Wirken, dem Tod und der Auferstehung Christi.
Israel kann sich somit auf keine biblischen Texte berufen, um irgendein politisches Abenteuer zu rechtfertigen. Es hat in der Geschichte keine Rolle mehr zu spielen, es sei denn die, sich in die Christenheit zu integrieren. Sollte Israel indes eines Tages eine gewisse nationale Unabhängigkeit wiederfinden, so muss darin allein die Frucht der politischen Interessen in Mittelost erkannt werden, in keinem Fall jedoch die Hand Gottes. Keinesfalls, widerspricht Hechler. Vergessen wir zum Ersten nicht, dass die berühmte Rückkehr aus der babylonischen Gefangenschaft ins verheißene Land nur die Glieder der Stämme Juda und Benjamin, von Leviten begleitet, betrifft – eine Teilrückkehr nur, wie man sieht. Wie kann man es wagen zu behaupten, diese Minorität verkörpere jene, die die prophetischen Texte als »Heimkehrer von den Enden der Welt und den fernen Inseln« bezeichnet, die auch alle Sprachen sprechen und nicht allein diejenige von Babylon. Und wie kann die bedeutende Aussage von Amos am Ende seines Buches (Kap. 9, 15 Bruns) einfach verschwiegen werden:

»Ich will sie wieder einpflanzen in ihr Land und sie sollen nicht wieder aus ihrem Grund und Boden herausgerissen werden, den ich ihnen geben werde. So spricht der HERR, dein Gott.«

Seit dem Zionismus zur Zeit Nehemias wurde Israel viermal in alle Himmelsrichtungen zerstreut, das Land verwüstet und der Tempel dem Erdboden gleichgemacht. Es ist offensichtlich: Diese Rückkehr aus Babylon war nur ein »verfehlter Probelauf« zur kommenden endgültigen Rückkehr. Diese Sicht der

Dinge scheint uns unwiderlegbar, natürlich unter der Bedingung, dass die prophetischen Texte ernst genommen und nicht so behandelt werden, wie dies viele Historiker mit weltlichen Dokumenten zu tun pflegen. Und unter der Bedingung, den biblischen Texten jenen Respekt zu zollen, den ihnen Christus selber gezollt hat ...

Derweil Israel reale Existenz ist, teilen noch viele Theologen eine verstümmelte Sicht der von Gott allein gelenkten Geschichte und verharren darin, Israel für immer aus eben dieser Geschichte verbannen zu wollen. Israel ist sichtbar existent, und diese Spezialisten wollen nicht wahrhaben, dass es durch göttlichen Willen wieder hergestellt wurde – wie übrigens alles, was dieses Volk betrifft, an das Gott sich durch Bündnisse und Verträge auf immer gebunden hat, und die leitende Hand des Allmächtigen erkennen lässt. Sind diese Theologen nicht Opfer einer jahrtausendealten Tradition der Verhärtung und Verachtung geworden – einer geistlichen Blindheit – angesichts dieses einmaligen Volkes?

Und fürchten sie im Unterbewusstsein nicht den Zusammenbruch dieses traditionellen theologischen Gebäudes, sobald sie dieser wieder lebendig gewordenen Nation zu nahe treten, dieser wieder blühenden Wüste, dieser lebendig machenden hebräischen Sprache für viele Immigranten aus so vielen Babylonien, so vielen Tälern vertrockneter Gebeine?

Zweiter Punkt ist eine eigenartige Entdeckung geheimnisvoller Natur, welche später bei Herzl und seinen Freunden einen lebhaften Eindruck erwecken wird. Gemäß einem Abschnitt am Ende des Buches Daniel (und wiederholt im Buch der Offenbarung) wird Jerusalem der Herrschaft der Heiden während zweiundvierzig Monaten unterliegen, gefolgt von einer Zeit der Verheißung. Zwei Schwierigkeiten erwachsen daraus: Wie sollen diese streng genommen messianischen Monate der fleischlichen und geistlichen Erneuerung im geheimnisvollen Land verstanden werden – und an welchem Punkt der Geschichte müssen sie angehängt werden? Die erste

Frage gibt kaum Anlass zu gegenteiligen Meinungen; die Mehrheit der einschlägigen Ausleger ist sich darin einig, dass ein prophetischer Monat mit dreißig Jahren zu erklären sei. Dies ergibt für unseren Text eine Zeitspanne von 1260 Jahren. Diese Zahl erscheint übrigens im Buche Daniel ebenso wie in jenem des Sehers von Patmos, Johannes (Offenbarung).
Doch wo soll diese Zahl im Lauf der Geschichte angehängt werden? Nimmt man das Jahr 70 der Zerstörung des Tempels durch Titus, erreicht man das Jahr 1330 – eine Sackgasse. Hechler überlegt sich Folgendes: Die prophetischen Texte zeigen Jerusalem eine gewisse Zeit als zertreten von den »Goyim«, oder anders gesagt den Nationen. Andererseits wird eine andere Zeit erwähnt, bezeichnet als »Gräuel der Verwüstung an heiliger Stätte«. Dabei kann es sich keinesfalls um die Eroberung von Byzanz handeln, da es sich dabei um eine Macht handelt, die sich trotz all ihrer Fehler auf die Bibel und auf Christus beruft. Danach fällt Jerusalem im Jahre 637 unter die Herrschaft einer heidnischen Macht, den Islam, unter Führung seines dritten Kalifen, Omar, Schwager von Mohammed. Dieser begnügt sich nicht damit, Jerusalem zu erobern; er zerstört die christliche Basilika am einzigen heiligen Ort Israels, dem Tempelplatz, und baut an ihrer Stelle eine Moschee zu Ehren des Propheten! Diese Moschee erhebt sich da noch heute und trägt den Namen des Kalifen. Wenn wir nun zu dieser Jahrzahl 637 die oben erwähnten 1260 Jahre hinzufügen, kommen wir auf das Jahr 1897. Dieses Jahr bezeichnet Hechler als äußerste Grenze zum Beginn der Wiederherstellung Israels im verheißenen Land. Hechler macht eine Wette und spricht eine Prophetie aus. Hat er dazu ein Recht? Die christliche wie übrigens auch die jüdische Tradition verbietet es, Berechnungen über den »Zeitpunkt des Endes« anzustellen; doch Hechler ist nicht der Mann, wir können es wohl verstehen, der sich von solchen Verboten in Verlegenheit bringen ließe, besonders wenn es sich um die Auferstehung des Heiligen Landes handelt. Auf einer genau genommenen apokalyptischen Ebene kündigt er auch

weder das Ende noch die Wiederkunft Christi an. Schließlich sind wir gezwungen, zuzugeben, dass mit Erreichen dieses berühmten Jahres 1897 Hechler und seine sonderbaren Berechnungen ihre Richtigkeit hatten. Jenes Jahr war in Tat und Wahrheit der Ausgangspunkt der Wiederherstellung des Staates Israel, vom weltpolitischen Standpunkt her betrachtet. Hechler weiß, dass Gott ein Gott der Ordnung ist und dass er von jeher »Tag und Stunde« festgelegt hat. Dies bestätigt auch Christus im Auffahrtsevangelium auf dem apokalyptischen Ölberg gegenüber dem Goldenen Tor von Jerusalem, wo auch seine Wiederkunft auf dieser Erde stattfinden wird.

In der biblischen Literatur erscheinen gewisse Zahlen mit großer Regelmäßigkeit: 7-12-40-70. Der alttestamentliche Ausdruck »in jenen Zeiten« ist das Gegenstück der neutestamentlich so oft erwähnten »als die Zeit erfüllt war... damit die Schrift erfüllt werde«. So erlaubt sich Gott ab und zu und wem er will, ein kleines Stück seines Planes aufzudecken. Warum sollte nicht auch William Hechler einer dieser Privilegierten sein? Ist es nicht gerade in den »verrückten Dingen dieser Welt«, wo der Ruhm des Allmächtigen sich vollendet? Wir werden sehen: Herzl wird während seines langen und dramatischen Amtes im Dienste seines Volkes die prophetischen Ermutigungen seines Freundes Hechler dringend nötig haben. Während nahezu fünfzig Jahren hat dieser den oft entmutigten zionistischen Führern immer wieder in Erinnerung gerufen: »Gott segnet euer Tun, ER wird das Werk vollbringen, auch wenn ihr an IHM zweifelt.« So wird William Hechler für das aus seinem härtesten aller Exile erwachenden Israel ein Licht sein, bescheiden und zerbrechlich, aber mit einem ermutigenden und niemals erlöschenden Glanz. So wird dieser christliche Theologe berufen, dem Fürsten der Rückkehr zu begegnen, sich an seiner Seite zu halten bis zu seinem frühen und brutalen Tod. Er wird ihm durch das göttliche Wort Kraft verleihen im Angesicht dieses kräfteverzehrenden Kampfes, wo die Gegnerschaft, der Verrat und die menschliche Engstirnigkeit in zunehmendem Maße hervortreten werden. Wie ist doch dieses Bild der Freundschaft zwischen dem aufstehenden jüdischen Fürsten und dem christlichen Propheten so viel erfreulicher und gerechter als jenes der beiden Statuen am Eingangsportal der Strassburger Kathedrale, diesen Hohnzeichen geistigen Hochmuts und theologischer Blindheit. Während zu vielen Jahrhunderten haben sich Kirche und Synagoge in dieser Weise voller Verachtung gegenübergestanden. Jetzt, im Gefolge einer eindrucksvollen Reihe protestantischer Zionisten, bereitet sich William Hechler vor, einem andern Mose, Anführer eines noch bedeutsameren Auszuges als jenem aus Ägypten, zu begegnen – zu einem Marsch Seite an Seite zurück nach Jerusalem, der Mutter aller Kinder Abrahams. In solcher Gemeinsamkeit – und nicht in hässlichem Gegeneinander von Verachtung guten Gewissens – soll und muss die Kirche Christi Israel zu Hilfe eilen, das sich allein aufgemacht hat, die in höchstem Grad prophetische Aufgabe zu erfüllen, den Weg des Herrn im noch immer verheißenen Land zuzubereiten. In Einigkeit soll die Treue Gottes verkündet werden und das baldige Kommen seines Reiches im Himmel wie auf Erden. Und im Sinn und Geist William Hechlers, dem von allen vergessenen Propheten.

*

Zehn lange Jahre quält sich der Botschaftskaplan durch eine verzehrende Einsamkeit inmitten seiner Bibeln, messianischen Urkunden und kabbalistischen Studien in fast klösterlicher Strenge, den besten Puritanern würdig. Um vier Uhr aufstehen heißt auch, seinen Studien am meisten Frucht bringen. Sein Tisch ist spartanisch, Essen hat ihm nie Lust verschafft. Er fastet und gewöhnt sich an, eine von zwei Mahlzeiten auszulassen. Sein einziger Luxus: seine Bücher; und diese verschlingt er förmlich. Er kennt die Geographie und Geologie Palästinas, als wenn er selber der Baumeister gewesen wäre. Jeden Tag geht er mit großer Gründlichkeit mehrere Kapitel

der Bibel durch. Er ist einer jener protestantischen Kirchenmänner, die nicht nur den Inhalt der biblischen Geschichten im Gedächtnis behalten, sondern auch ihre Einordnung nach Kapiteln und Versen!
Selbstverständlich besucht er regelmäßig die jüdische Gesellschaft von Wien und nimmt am Leben der Synagoge lebhaften Anteil. Die Gesellschaft erscheint ihm allerdings mehr babylonisch als jüdisch ... Wien erlebt einen dauernden Rückfluss russischer und rumänischer Flüchtlinge, die großteils mit der Bibel verbunden, d.h. gläubige Juden sind. Neue Synagogen entstehen, und dorthin lenkt Hechler am Freitagabend seine Schritte auf der Suche nach einer verlockenden rabbinischen Auslegung für seine sonntägliche Predigt. Er ist immer bereit, sich für irgendwelche dramatischen Fälle zu verwenden, vielleicht einen Anarchisten, den er dem wohlwollenden Botschafter vorzustellen weiß. Unter den in extremis vor der Polizei geretteten Opfern befindet sich beispielsweise die Tochter des berühmten Arztes Mandelstamm. Dann ergibt es sich, dass eine seiner ehemaligen Schülerinnen, die Tochter des gütigen Friedrich von Baden, in Wien Aufenthalt nimmt. Sie ist die Ehefrau des Grafen von Eulenburg, deutscher Botschafter am Hof zu Wien. Diese Verbindung pflegt er besonders treulich, hat er doch seinen Empfangstag in der botschaftlichen Residenz; er bleibt für die Prinzessin der Lehrer mit den blauen Augen, dem patriarchalischen Bart und einer wohl tuenden Gegenwart.
So fühlt er sich doch zu Hause in diesen beiden protestantischen Botschaften der kaiserlichen Hauptstadt, am Schneidepunkt der diplomatischen Geheimnisse ihrer Kanzleien. Natürlich rechnet man mit seiner absoluten Verschwiegenheit, aber William nimmt in seiner Leidenschaft, geschichtliche Abläufe zu entziffern, jedes Detail gierig in sich auf. In diesem diplomatischen Umfeld gewinnt Hechler bald einmal den Ruf eines biblischen Originals, wie England sie in allen Sparten hervorzubringen pflegt. Er wird öfter eingeladen, als es seinem Wunsch entspricht; diese bunte Fauna von Gecken,

skrupellosen Politikern und anderen Abenteurern liebt es, von Zeit zu Zeit diesen engen Kontakt zu suchen mit einem Wesen der Bibel mit vollen Taschen eigenartiger Mysterien und harmloser Pläne.

Die Wiener Universität bietet ihm den Posten eines Lektors an, und dort findet er endlich eine Zuhörerschaft, die seinem Wissensstand gerecht wird, und genügend Raum, um seine Modelle und Vertragswerke ausstellen zu können. So zerrinnen diese zehn Jahre bis zu jenem klaren Frühlingsmorgen des Jahres 1896.

IM DIENSTE ZIONS

Am Samstag, 9. März 1896, derweil William Hechler in den Straßen Wiens flaniert und über seiner Sonntagspredigt in der Botschaftskapelle brütet, springt ihm in der Auslage einer seiner bevorzugten Buchhandlungen ein Buchtitel ins Auge. Wie jeden Morgen nach dem Frühgottesdienst ist der Kaplan unterwegs auf der Suche nach irgendeiner seltenen Buchausgabe oder einer kuriosen Handschrift. Er trägt einen dieser langen Gehröcke mit großen Taschen, an die sich alle seine Bekannten gut erinnern; darin verschwand manch ein umfangreiches Kartenwerk oder ein von vielen verschiedenen Händen misshandeltes Schriftstück. Dieser Buchtitel lässt sein Herz stocken: DER JUDENSTAAT! Er tritt näher heran und beugt sich über den Namen des Autors, der ihm jedoch nichts sagt: Theodor Herzl! Sollte wirklich die Posaune der Rückkehr nach Zion ertönt sein, ohne dass er, William Hechler, der aufmerksame Wächter, es als Erster gehört hätte? Er tritt in den Buchladen und nimmt den Besitzer, einen alten Bekannten, zur Seite: »Wann ist dieses Werk erschienen?« – »Es ist soeben aus dem Druck gekommen... warten Sie... ganz kürzlich, genau gesagt am 14. Februar, hier in Wien.« »Drei Wochen Verspätung! Unverzeihlich«, sagt sich der Kaplan und fährt fort: »Kennen Sie den Autor?« – »Na sicher! Lesen Sie die dramatisch-kritischen Artikel in der ›Wiener Allgemeinen Zeitung‹ nicht und die seit Jahren erscheinenden hervorragenden politischen Notizen in der ›Neuen Freien Presse‹?« Und mit einem verschmitzten Lächeln: »Gehen Sie nie ins Theater, Herr Pastor, um den oft drolligen Stücken des Dr. Theodor Herzl zu applaudieren?«

Offen gestanden, der ehrenwerte Kaplan der Botschaft Ihrer Britischen Majestät geht nicht ins Burgtheater; biblische Dramen werden dort nie gespielt! Doch bei genauer Überlegung sagt ihm der Name Herzl doch etwas. Auch wenn er die mondänen Veranstaltungen nicht besucht, so liest er aufmerksam die Presse der Hauptstadt. Herzl, ja richtig, vor genau einem

Jahr hat er doch von dem Prozess des Hauptmanns Dreyfus berichtet!

Hechler kauft das Buch und eilt nach Hause in seine hochgelegene Junggesellenwohnung. Er ist verwirrt, denn er findet es gelinde gesagt eigenartig, dass dieser Mann der Welt, der Boulevardvergnügungen produziert, ein Buch mit Namen ›Der Judenstaat‹ geschrieben haben soll. »Ich kenne doch meine Juden in Wien. Treue Untertanen des Kaisers, ja gewiss, Komödianten ohne Zweifel. Aber Juden, die sich an Jerusalem erinnern sollten? Abgesehen von meinen Flüchtlingen aus Russland und Rumänien sieht man diese vielleicht einmal pro Jahr zum Osterritual sich mit flüsternden Lippen – als ob sie sich ihres Mutes schämen würden – zum Bekenntnis durchringen: Nächstes Jahr in Jerusalem. Doch das Wichtigste für sie bleibt, das so charmante Wien nicht zu vergessen und sich hier für alle Zeiten festzuklammern. Nein, doch nicht dieser Herzl; es darf nicht wahr sein... Doch jetzt schnell das Werk lesen und dann den Autor besuchen!«

*

»›Übers Jahr in Jerusalem!‹ ist unser altes Wort. Nun handelt es sich darum, zu zeigen, dass aus dem Traum ein taghellen Gedanke werden kann... Man kehrt nicht auf eine niedrigere Stufe zurück, sondern ersteigt eine höhere. Man bezieht keine Lehmhütte, sondern schönere, modernere Häuser, die man sich neu baut und ungefährdet besitzen darf. Man gibt sein gutes Recht nur auf gegen ein besseres. Man trennt sich nicht von seinen lieben Gewohnheiten, sondern findet sie wieder. Es ziehen immer nur diejenigen, die sicher sind, ihre Lage dadurch zu verbessern. Erst die Verzweifelten, dann die Armen, dann die Wohlhabenden, dann die Reichen. Die Vorangegangenen erheben sich in die höhere Schicht ... Die Wanderung ist zugleich eine aufsteigende Klassenbewegung. Wir werden unserm Volk ein neues Heim geben, und das, ohne es brutal von seinem alten Werkplatz wegzureißen, jedoch es sorgfältig auf einen besseren Boden zu verpflanzen...«

Hechler ist gebannt von dieser Mischung von außergewöhnlicher realistischer Selbstsicherheit und einer gewissen biblisch geprägten Inspiration, die dem Autor offensichtlich nicht bewusst war – vielmehr eine Vision als Theorie:

»Den Abzug der Juden darf man sich, wie schon gesagt wurde, nicht als einen plötzlichen vorstellen. Er wird ein allmählicher sein und Jahrzehnte dauern. Zuerst werden die Ärmsten gehen und das Land urbar machen. Sie werden nach einem von vornherein feststehenden Plane Straßen, Brücken, Bahnen bauen, Telegraphen errichten, Flüsse regulieren und sich selbst ihre Heimstätten schaffen. Ihre Arbeit bringt den Verkehr, der Verkehr die Märkte, die Märkte locken neue Ansiedler heran. Dann kommt jeder freiwillig... Doch durch das Entstehen des Judenstaates gewinnen die Nachbarländer, weil im Großen wie im Kleinen die Kultur eines Landstriches den Wert der Umgebung erhöht.«

Es ist tatsächlich eine Vision, der Mann steht unter dem Einfluss einer treibenden Kraft. Er scheut sich nicht, sogar auf Einzelheiten einzugehen mit dem Risiko, von der zukünftigen Entwicklung widerlegt zu werden; als wenn ihm diese Zukunft auf geheimnisvolle Weise enthüllt wäre, und schreibt, als ob alles schon Wirklichkeit wäre: Unser Staat! Welch ein Zeichen im Mund eines Wiener Bürgers.

»Wir haben keine Fahne. Wir brauchen eine. Wenn man viele Menschen führen will, muss man ein Symbol über ihre Häupter erheben. Ich denke mir eine weiße Fahne mit sieben goldenen Sternen. Das weiße Feld bedeutet das neue, reine Leben; die Sterne sind die sieben goldenen Stunden unseres Arbeitstages. Denn im Zeichen der Arbeit gehen die Juden in das neue Land. Darum glaube ich, dass ein Geschlecht wunderbarer Juden aus der Erde wachsen wird. Die Makkabäer werden wieder aufstehen. Noch einmal sei das Wort des Anfangs wiederholt: Die Juden, die wollen, werden ihren Staat haben. Wir sollen endlich als freie Männer auf unserer eigenen Scholle leben und in unserer eigenen

Heimat ruhig sterben. Die Welt wird durch unsere Freiheit befreit, durch unseren Reichtum bereichert und vergrößert durch unsere Größe ...«

»Kein Zweifel: Ein Fürst hat sich erhoben in Israel!«, sagt sich der zionistische Pastor. »Die Wartezeit über all die Jahre war doch nicht vergebens: Es war ein gerader Weg auf Herzl zu, wenn auch über Indien, Afrika und das Europa der Fürstenhöfe. Aber dieser jüdische Fürst weiß nicht, dass Gott ihn ruft, in die Hand nimmt und ihn hindurchtragen wird durch die Prüfungen, die seiner warten. Ich bin berufen, es ihm zu sagen, und ich muss ihm zur Seite stehen. Jetzt werde ich mich aufmachen, ihm diese gute Nachricht zu überbringen ...«
Doch vorgängig geht Hechler auf einen Sprung zur britischen Botschaft, um Sir Monson dieses außergewöhnliche Ereignis kundzutun. Natürlich hat er diesem längst schon seine »biblischen Lektionen« über die baldige Rückkehr des jüdischen Volkes ins verheißene Land erteilt. Der Botschafter ist ein frommer Protestant jener alten englischen Tradition, die seit mehr als einem Jahrhundert den neuen Aufbruch Israels nach Zion verkündet – wenn möglich mit Unterstützung Londons.

*

Herzl ist in seinem Büro. Die Karte eines unbekannten Besuchers, seines Zeichens Pastor, wird ihm überreicht. »Eine Nervensäge«, sagt sich Herzl, »die mir irgendein wohltätiges Werk schmackhaft machen will zur Publikation in meiner Zeitschrift; oder es handelt sich um einen Bekehrungspfarrer, dann ist das Gespräch schnell beendet.«
Der Mann tritt ein. Herzl hat keinen Augenblick Zeit, das würdevolle Gesicht des Besuchers auf sich wirken zu lassen, denn dieser übernimmt sofort mit begeisterten Worten das Gespräch, offensichtlich tief gerührt. »Entschieden eine Nervensäge!«, sagt sich Herzl ... – »Dr. Herzl, hier bin ich! Seit Jahren warte ich auf Sie, seit Jahren kündige ich Sie bei Prin-

zen, Staatsmännern und kirchlichen Würdenträgern an, wo immer ich ihnen begegne. Ich habe Ihnen den Weg bereitet. Die Stunde ist gekommen, Ihre Idee wird siegen. Betrachten Sie mich als Ihren Diener, Diener Ihrer Sache!«
»Aber, mein Herr, wer sind Sie eigentlich?«, unterbricht Herzl. Denn dieser englische Kirchenmann hat in seiner Aufregung die grundeigenste englische Anstandsregel vergessen: sich vorzustellen ... Dies ist schnell geregelt, und die zwei Männer machen Bekanntschaft miteinander. Der Großherzog von Baden wird kurzum ins Spiel gebracht sowie Hechlers Schriftwerk, das das Jahr 1897 als Schicksalsjahr der zionistischen Idee prophezeit: »Ihr Buch, Dr. Herzl, ist inspiriert, und Sie sind sich darüber selber nicht bewusst – und es ist gut so! Es ist das Zeichen wahrer göttlicher Gnade. Denn wie jedermann und wie alle Juden dieser Stadt haben Sie die Propheten vergessen, räumen ihnen keine Bedeutung mehr ein. Doch Sie sind ein Kind Ihres Volkes und seiner mit den Leiden des Volkes verbundenen Propheten. Die lassen Ihnen keine Ruhe. Wie zu Zeiten Mose führt Sie die Qual Ihres Volkes in Russland wie auch die Prüfungen eines französischen Hauptmanns (Dreyfus) zu den göttlichen Verheißungen, zum vergessenen Jerusalem zurück. Ich sage es Ihnen in Ergriffenheit, und ich werde es Ihnen pausenlos wiederholen: Gott ist mit Ihnen und Sie werden Erfolg haben, was immer auch geschehen möge!«
Herzl antwortet nicht, auch er ist innerlich sehr bewegt. Er ist sich bewusst, wie fern der Bibel und ihrer Propheten er steht. Er weiß jedoch, dass er unter Inspiration gehandelt hat, als er den ›Judenstaat‹ schrieb.[1]

---

[1] Herzl vermerkte in seiner kurzen Autobiographie: »Ich kann mich nicht erinnern, je etwas anderes in einem solchen Zustand der Überschwenglichkeit geschrieben zu haben. Heine sagt uns, dass er beim Niederschreiben gewisser Verse den leisen Hauch von Flügelschwingen verspürt habe. Auch ich verspürte ihn, als ich dieses Buch verfasste, an dem ich täglich bis zur totalen Erschöpfung arbeitete ...«

Sollte dieser Pastor ein Prophet sein? War sein Empfinden richtig? Wir werden sehen...
Hechler übernimmt wieder das Gespäch: »Wir haben heute den 10. März – es ist keine Zeit zu verlieren. Noch diesen Monat müssen wir tätig werden. Ich stehe sehr gut zum Großherzog von Baden, der, wie Sie wissen, ein Onkel des deutschen Kaisers ist; diesem bin ich mehrmals persönlich begegnet. Ich verwende mich dafür, Ihnen in Karlsruhe eine Audienz zu verschaffen, die zur Antriebsfeder aller zukünftigen Vorstöße werden kann. Wollen Sie mir dafür Ihr Vertrauen schenken?« Zu schön, um wahr zu sein, Herzl. Dieser Pastor mit seinen Verbindungen zu Prinzen und dem Kaiser ist ein Geschenk des Himmels. Er teilt meine Begeisterung und mein Feuer. Er ist von jenem Glauben beseelt, der mir fehlt, und er ist kein Jude. Wird er seine schönen Versprechen einhalten? Doch dieser freie Blick aus blauen Augen kann nicht täuschen... Die zwei Männer wechseln einen langen Händedruck. Hechler zweifelt keinen Augenblick: Er steht dem Fürsten der Heimkehr Israels gegenüber; diesem Mann fehlt nur noch die Krone. Aus den Augen dieser Person erstrahlt Hoheit, Würde und die phantastische Klarheit, die den biblischen Helden eigen gewesen sein muss!
Machen wir uns auf den Weg, Theodor Herzl, nicht ins Leben oder den Tod, sondern auf ›Nächstes Jahr in Jerusalem!‹

*

Am folgenden Sonntag, 15. März 1896, macht Herzl seinem neuen Freund den ersten Besuch im vierten Stock eines Gebäudes am Schillerplatz. Er tritt in eine Kleinwohnung, deren Wände vom Boden bis zur Decke mit Regalen voller Bücher, Bibeln und allerlei Dokumenten überquellen. Hechler legt ihm zuerst den Stammbaum Israels vor, der sich von Adam... bis 1897 erstreckt! Die letzte Jahreszahl ist mit roter Tinte eingetragen. Danach die große Generalstabskarte mit den messianischen Grenzen und dem genauen Standort des künftigen Tempels ... gemäß den Aussagen im Buch des Propheten Hesekiel. Doch hören wir Herzl selber, gebeugt über sein Tagebuch:

»Wir haben Ihnen vorgearbeitet! sagte Hechler triumphierend ... dann spielte und sang er mir auf der Orgel ein von ihm verfasstes zionistisches Lied vor. Von meiner englischen Lehrerin hörte ich, dass Hechler ein Heuchler sei. Ich halte ihn vielmehr für einen naiven Schwärmer, der Sammlerticks hat. Er ist aber in seiner naiven Begeisterung etwas Hinreißendes, das ich besonders empfand, als er mir das Lied vorsang. Nachher kamen wir auf den Kern der Sache. Ich sagte ihm: Ich muss mich mit Regierungsmenschen – also Ministern oder Fürsten – in direkte und nach außen hin erkennbare Verbindung setzen. Dann werden die Juden an mich glauben, dann werden sie mir folgen.«

Der Pastor schlägt vor, sofort nach Berlin zu reisen, um seinen Kollegen am Hof, den Pastoren Dryander, zu treffen und zugleich auch die Prinzen Günther und Heinrich. Hechler ist wie üblich völlig mittellos; Herzl bestreitet deshalb die Reisekosten. In seinem Tagebuch fährt er fort:

Es werden einige hundert Gulden sein, für meine Verhältnisse immerhin ein nennenswertes Opfer. Ich will dies aber an die Aussicht wagen, mit dem Kaiser zu sprechen. Dabei mache ich mir ganz klar, dass Hechler, den ich noch nicht kenne, möglicherweise nur ein reiselustiger armer Kleriker ist ... Aber wenn er wirklich vorkommt, so weiß ich nicht, wie er den fürstlichen Familien erscheint. Es ist möglich, dass die deutschen Prinzen diesen alten Hauslehrer wegen seiner Sammlerticks auslachen, als dass sie seine naiven Schwärmereien mitmachen. Die Frage liegt nun so: Werden sie ihm, wenn er nach Berlin kommt, ironisch auf die Schulter klopfen: ›Alter Hechler, lassen Sie sich von dem Juden nicht den Kopf warm machen‹. Oder wird er sie bewegen können? Er ist eine unwahrscheinliche Gestalt, wenn man ihn aus dem Gesichtswinkel eines spöttischen jüdischen Wiener Journalisten

ansieht. Aus einigen Zeichen glaube ich freilich zu erkennen, dass er ein Prophetengläubiger ist. So sagt er mir: Ich habe nur ein Bedenken, dass wir nämlich zur Erfüllung der Prophezeiung nichts beitragen dürfen. Aber dieses Bedenken löst sich auf, denn Sie haben Ihr Werk begonnen ohne mich und würden es ohne mich vollbringen.
Er hält unsern Aufbruch nach Jerusalem für ganz nahe und zeigt mir schon die Rocktasche, in der er seine große Palästinakarte mitnehmen wird, wenn wir zusammen im Heiligen Land umherreiten werden. Das war sein naivster und überzeugendster Zug.«

Als guter und erfahrener Wiener Journalist beginnt Herzl an der Aufrichtigkeit dieses »vom Himmel gefallenen« Pastoren zu zweifeln – vielleicht durch die Tatsache, dass er vom Himmel gefallen ist, aber auch weil der Autor von ›Judenstaat‹ nicht gewohnt war im näheren Umgang mit Persönlichkeiten vom Format Hechlers. Zu verwirrend, dass ein Christ sich in seinen Dienst stellt, hier in Wien, wo sich in diesen Jahren ein Antisemitismus bemerkbar zu machen beginnt, der 30 Jahre später nationalsozialistisch werden sollte. Doch wir werden feststellen, dass Herzl den Mann sehr bald seinem Wert entsprechend einzuschätzen wusste. Für den Augenblick träumt und sinniert er, es liege eigentlich noch alles vor ihm, »denn«, so sagt er sich, »bis jetzt habe ich nur Hindernisse zu überwinden gehabt«. Treue Freunde für dieses verrückte zionistische Abenteuer, in das er sich stürzt, werden sich an einer Hand aufzählen lassen. Dazu gehört (bis zu seinem allzu frühen Tod) auch dieser Pastor mit seinen abstrusen Ideen. Herzl träumt, während die Hände über sein keuchendes Harmonium tasten: »In einem Jahr ist Ostern 1897, und alles ist noch zu tun!« Doch plötzlich, unter den naiven Klängen der zionistischen Hymne, erscheint alles einfach und durchsichtig, offen liegend und leicht – zwischen dem Modell des wieder aufgebauten Tempels und den messianischen Grenzen des zukünftigen Israel!

Am 26. März schreibt Hechler einen langen Brief an Friedrich von Baden. Hier zusammengefasst ein Auszug:

»*Darf ich die Aufmerksamkeit Ihrer Majestät auf ein Buch lenken, das kürzlich in Wien erschienen ist und ein Thema behandelt, über das ich öfters die Ehre hatte, Sie zu unterhalten: die Rückkehr der Juden ins verheißene Land gemäß den Ankündigungen der Propheten. ›Der Judenstaat‹ ist ein Werk, das dieses Ereignis kräftig vorantreiben wird ... Nachdem ich es durchgelesen habe, bin ich mit dem Autor Dr. Herzl zusammengekommen, der mir vorher völlig unbekannt war. Ich habe mich gefragt, ob er selber die Verheißungen vorantreiben wolle ... aber dies ist unwahrscheinlich, denn die diesbezüglichen Prophetien waren ihm nicht bekannt. Sein Buch kann sich in seiner eigenen Formulierung zusammenfassen lassen: Der Judenstaat ist eine globale Notwendigkeit! (...) Ich glaube seit Jahren, dass der Antisemitismus jene ›Not Judas‹ ist, die von den Propheten verkündet worden ist, und die diese Menschen gewahr werden lässt, dass sie, vor allem andern, Juden sind... und damit in ihren Herzen jenes Heimweh zur Rückkehr ins verheißene Land durchbricht, um dort eine Nation zu sein ... Sie haben einen rechtlichen Anspruch auf Palästina, denn es ist das einzige Land der Welt, für das Gott zum Voraus einen Besitzer bestimmt hat, welch außergewöhnliches Zeichen!*
Wenn wir die Prophetien richtig verstehen, hat Jesus zu seinen Jüngern gesagt (Luk. 21,24), die Juden würden in alle Länder der Erde weggeführt und Jerusalem werde von den Heiden zertreten, bis dass die Zeit der Nationen erfüllt sei. Der erste Teil dieser Prophetie hat sich buchstäblich erfüllt ... Im Buch der Offenbarung (11,2) sieht man andererseits, wie der Engel dem Apostel Johannes eröffnet, die Heilige Stadt werde während 42 Monaten zertreten ... Beim Studium meiner historischen Urkunden, die ich die Ehre habe, Ihrer Majestät sowie dem Prinzen von Hohenlohe, ja gar S.M. dem deutschen Kaiser, zu unterbreiten, weiß man, dass es ein genaues Datum gibt, ab welchem diese Zeit von 42 Monaten berechnet wird...«

Hechler widmet sich nun seinen berühmten oben erwähnten Berechnungen, fügt jedoch vorsichtshalber bei, er sei zwar weder Prophet noch Sohn eines Propheten, er bemühe sich aber, die Zeichen der Zeit zu erkennen, wie es übrigens die heiligen Schriften empfehlen würden. Hat Hechler andererseits nicht auch berechnet, dass Isaak 1897 Jahre vor Christus geboren wurde und dass er das erste Kind des Bundes war, das im verheißenen Land zur Welt kam – um darin die sich aufdrängende Parallele zur nachchristlichen Zeit zu sehen? Er verlässt nun aber den Boden einer etwas an den Haaren herbeigezogenen Auslegung, um dem Großherzog den politischen Aspekt der Sache darzulegen:

»...*Ich kann mich dem Gedanken nicht enthalten, dass, wenn Deutschland und Großbritannien die Bewegung um diesen neuen Staat unter ihren Schutz stellten und Palästina als neutrales Land wie Belgien erklärt würde, sich die Rückkehr der Juden als sicherer Segen für Europa erweise, indem dem unseligen Antisemitismus im Kreis der Nationen und ganz besonders in Österreich ein Ende gesetzt würde... Pressemitteilungen zufolge beabsichtigt der deutsche Kaiser demnächst einen Kurzbesuch in Wien: So hoffe ich, dass dieses Problem Seine Majestät interessieren wird. Aus diesem Grunde sende ich mehrere Kopien dieses Buches an Ihre Majestät... Soll ich beim Kaiser um Audienz bitten, um ihm das Problem darzulegen?*«

Diese Passage lässt erkennen, was für Hechler die zentrale Besorgnis blieb bis zum herannahenden ersten Weltkrieg: eine solide deutsch-englische Patenschaft der »palästinensischen« Wiedergeburt. Darauf kommen wir noch zurück; doch wollen wir hier festhalten, dass sich diese Patenschaft für Hechler durch die Tatsache aufdrängt, dass die zwei angesprochenen Mächte zum protestantischen Lager gehören. Dieser politisch-theologische Aspekt im zionistischen Denken des Propheten Herzls wird ihm manch unliebsamen Streich spielen und ihm viel Verdruss und zweifellos die größte Enttäuschung seines langen Lebens bescheren.

*

Die Würfel sind gefallen: Jetzt heißt es, sich auf Cäsar zu berufen, und dieser thront in Berlin und Hechler kennt ihn. Das ist der Fürst, den es zu gewinnen gilt. Im vorliegenden Fall steht die Naivität des Pastors jener Herzls nicht nach; der Gottesmann und der zionistische Führer überschätzen beide die Erhabenheit und Frömmigkeit des Kaisers. Sie wissen nicht oder wollen es nicht wahrhaben, dass biblische Ansprüche – auch nur solche in Form eines in Ruinen liegenden Jerusalem – in der Waagschale der Herrschenden dieser Welt mit ihren übergeordneten politischen Interessen wenig gewichten. Für den Kaiser, sofern er sich überhaupt an ihn erinnert, verkörpert Hechler jene Sorte von harmlosen Pastoren, denen man am Sonntagmorgen zerstreuten Ohres zuhört – in pompöser Prunkaufmachung, versteht sich. Und wenn sich der Kaiser wirklich für Palästina interessieren sollte, dann bestimmt nicht des jüdischen Dramas wegen, sondern weil es auf der Route nach Indien liegt und Hauptfigur auf dem Schachbrett seines großen Spiels politischer Machtausübung im Orient verkörpert. Allerdings ist der englische Neffe daselbst schon eingerichtet; das ist natürlich ein unliebsames Hindernis, so protestantisch er auch sein möge!

*

Am 14. April 1896 stürzt Hechler in großer Erregung ins Büro Herzls: Der Kaiser ist soeben mit seinem Gefolge in Wien eingetroffen. Im Gefolge auch sein Kollege Dryander, mit dem er während eines Spaziergangs durch die Straßen Wiens bereits ein zweistündiges Gespräch geführt hat. Er hat, wie erwartet, das Buch seines Freundes Herzl vorgestellt. Es wäre von Vorteil, wenn man zusammen nach Karlsruhe fahren und auf die nun wichtige Audienz drängen würde. Doch Herzl verwirft diesen Vorschlag, denn sollte die Audienz verweigert werden, stünde er mit einer beißenden Niederlage auf der Straße. »Nein, aber Sie, Hechler, begeben Sie sich doch ins kaiserliche Schloss nach Karlsruhe, um mir die Audienz beim Kaiser zu erbitten.« Hechler ist einverstanden und verlangt ein Foto seines neuen Freundes. Hören wir, was Herzl darüber denkt:

»... offenbar meint er, dass sie in mir einen ›schäbigen Juden‹ vermuten würden. Ich versprach, es ihm morgen zu geben. Merkwürdig, dass ich gerade für den heutigen Geburtstag meines Vaters mich hatte fotografieren lassen, woran ich schon seit Jahren nicht gedacht hatte.«

Am selben Abend begibt er sich in die Oper, um von seiner Loge aus den deutschen Kaiser beobachten zu können. Bei seiner Rückkehr um elf Uhr nachts findet er Hechler in der Vorhalle. Er wartet schon seit einer Stunde, um ihm seine Abreise nach Karlsruhe für den nächsten Morgen anzukündigen. Am 16., 18. und 22. April erhält Herzl vier Telegramme von Hechler, die ihn über den Fortschritt seiner Maßnahmen auf dem Laufenden halten. Am 17. wird der Pastor kurz vom Kaiser empfangen, und dieser ruft ihm, wohl in einem Anflug von Humor, vor seinem ganzen Gefolge zu: »Hier sind Sie, ehrwürdiger Hechler, ich sehe Sie träumen davon, Minister eines Judenstaates zu werden! Steckt da nicht etwas Rothschild dahinter?« Der gute William ist in seiner Treuherzigkeit so verwirrt, dass er noch am selben Abend an seinen Freund Friedrich von Baden einen Brief schreibt: »Ich bin höchst verwirrt (I am greatly troubled in mind)!«. Er bemüht sich eifrig, hervorzuheben, dass er selbst keinerlei persönliche Interessen in der zionistischen Bewegung habe (diese ist noch nicht einmal geboren ...), dass er nie einem Mitglied der Familie Rothschild begegnet sei und dass darüber hinaus (man möge es dem Kaiser sagen) auch nicht ein einziger Tropfen jüdischen

Blutes in seinen Adern fließe und dass seine Herkunft einer guten Mischung von »Schwarzwald und England« entstamme. Wenn er sich an die Seite Herzls gestellt habe, dann allein aus dem einfachen Grunde, weil er durch 20 Jahre biblischer Studien die Überzeugung gewonnen habe, der Judenstaat werde bald Realität. Im Wissen darum wäre es unredlich, sich nicht persönlich zu verpflichten. Sicher, er hat sich die Freiheit erlaubt, nach Einholung des Ratschlags seines Botschafters Sir Edmond Monson eine Nachricht an Minister Salesbury in London zu schicken, und über diesen Kanal ist die Sache Kaiser Wilhelm II. zu Ohren gekommen. Danach kommt der köstliche Schlussabschnitt, dieser Satz, der die so unorthodoxe und wenig »britische« Haltung – dies muss man sagen – unseres eigentümlichen Botschaftskaplans zusammenfasst:

»Seine Exzellenz der Botschafter hat mir liebenswürdigerweise telegraphiert und mitgeteilt, dass er an meiner Stelle die Sonntagspredigt in Wien halten würde, um mir zu erlauben, über das Wochenende in Karlsruhe zu bleiben...«

So schreibt also der Kaplan über den Kopf seines Botschafters hinweg direkt an den Minister für Auswärtige Angelegenheiten, womit genannter Botschafter sich nur darauf beschränken kann, in der Wiener Botschaftskapelle die kommende sonntägliche Frohbotschaft zu verkünden, um seinem Kaplan zu erlauben, seine zionistischen Aktivitäten im Dienst eines jüdischen Journalisten fortzuführen! Herzl vernimmt all dies leicht amüsiert, doch ergriffen. Am 26. April, gleich nach der Begegnung mit dem Großherzog, notiert er:

»Dieser Hechler ist jedenfalls ein eigentümlicher und complicierter Mensch. Er hat viel Pedanterie, übertriebene Demuth, Augenverdrehen – aber er gibt auch ausgezeichnete Rathschläge voll unverkennbar echten Wohlwollens. Er ist gescheit und mystisch, verschlagen und naiv. Mich unterstützte er bisher in geradezu

wunderbarer Weise ... ich möchte, dass ihm die Juden in großem Maßstab dankbar wären.«

Dennoch waren Herzl während dieser paar Tage des Wartens wieder Zweifel an Hechler hochgekommen. Am 17. schreibt er: »Ich beginne zu glauben, dass sich Hechler selber Probleme schafft«, und am 18., schon fast bitter: »Von Hechler keine Nachricht. Jetzt erkläre ich mir das so, dass Hechler mich über die Erfolglosigkeit seiner Reise durch die Depesche beruhigen wollte. Da er aber jedenfalls die Broschüre zur Kenntnis des Großherzogs und vielleicht auch des Kaisers gebracht hat, ist mir das seine Reisespesen werth.«
Und plötzlich am Abend des 21. die folgende Notiz:

»Morgen früh wollte ich nach (Buda-)Pest fahren. Da erhalte ich spätabends Hechlers Ruf nach Karlsruhe. Curioser Tag. Hirsch stirbt, u. ich trete mit Fürsten in Verbindung. Es beginnt ein neues Buch der Judensache.«

*

Trotz ihrer jahrelangen ausgezeichneten Beziehungen hatte der Unterweiser des verstorbenen Erbprinzen Ludwig sehr viel Mühe, den Großherzog von der Notwendigkeit zu überzeugen, Herzl zu empfangen. Zuerst wollte Friedrich den Bericht seines Hofberaters über das berühmte Buch ›Der Judenstaat‹ zur Kenntnis nehmen; darüber hinaus hatten die grobartigen Späße des Kaisers die guten Empfindungen Friedrichs etwas abgekühlt – vielleicht mochte doch etwas von Rothschild dahinter stecken –, und schlussendlich war Herzl Journalist; weiß Gott, in welch unangenehme Situation die Presse mit dieser Geschichte den Badischen Hof bringen konnte! Während der letzten Unterredung zwischen dem Erzherzog und dem Pastor fiel im Gespräch auch der Name des verstorbenen Erbprinzen. Friedrich brach in Tränen aus, und Hechler, um ihn zu trösten, las ihm aus einem Psalm vor, in dem auch von Zion (!) die Rede war. (Herzl wusste dieses Detail sehr zu schätzen.) Der Bann war gebrochen und die Audienz zu seinen Gunsten entschieden. Hechler hatte noch ein anderes schwergewichtiges Argument eingebracht: Friedrich hatte vor allen andern deutschen Prinzen in Versailles Wilhelm I. zum Kaiser ausgerufen. Jetzt bot ihm das Schicksal die Möglichkeit, einen weiteren Staat zu gründen: Israel ... Herzl kommt am 22. abends um elf Uhr an. Hechler empfängt ihn und führt ihn in das vom Erzherzog selber empfohlene Hotel Germania. Am nächsten Morgen und bis zur Audienz um 16 Uhr flanieren die beiden Freunde durch Karlsruhe und speisen mittags auch zusammen. Hören wir Herzl:

»*Ich sagte Hechler gut gelaunt: Merken Sie sich diesen hübschen Tag, den lieblichen Frühlingshimmel über Karlsruhe! Vielleicht sind wir heute übers Jahr in Jerusalem. Hechler sagte, er wolle den Großherzog bitten, den Kaiser im nächsten Jahr zur Einweihung der Kirche nach Jerusalem zu begleiten. Ich solle dann auch dort sein, und er, Hechler, möchte als wissenschaftlicher Begleiter des Großherzogs mitgehen. Ich sagte: Wenn ich nach Jerusalem gehe, nehme ich Sie mit.*«

Während nahezu zwei Stunden unterbreitet Herzl dem Erzherzog sein Projekt. Dieser hört wohlwollend zu. Seine Hauptsorge besteht darin – das charakterisiert den Mann –, dass er befürchtet, des Antisemitismus bezichtigt zu werden, wenn er den Exodus der Juden ins verheißene Land befürwortet. Er wünscht sich ebenfalls – dabei richtet er sich besonders an Hechler – eine klarere Zusammenarbeit zwischen Deutschland und England. Doch wird England etwas tun? Herzl antwortet:

»*Dafür müssen unsere englischen Juden sorgen. Der Großherzog meinte etwas verstimmt: Wenn die das können... Ich sagte: Wenn bekannt würde, dass der Großherzog von Baden sich für die Sache interessiert, würde das einen tiefen Eindruck machen. Er rief: Das ist nicht wahr, meine Stellung ist nicht groß genug. Ja, wenn es der deutsche Kaiser oder der König von Belgien thäte. Ich blieb dabei: Ja, wenn ein erfahrener Fürst, der das deutsche Reich mitmachen geholfen hat, bei dem sich der deutsche Kaiser Raths erholt, für diese neue Unternehmung eintritt, wird das großen Eindruck machen. Königliche Hohheit sind der Rathgeber des Kaisers. Er lächelte: Ich rathe ihm, aber er thut, was er will.«*

Friedrich regt an, zuerst einige hunderttausend Pioniere in Palästina anzusiedeln und erst danach die Frage eines Staates zu erörtern. Herzl wendet darauf in einem harschen Ton ein, der den Erzherzog trifft:

»Dagegen bin ich. Es wäre ein Einschleichen. Die Juden müssten sich dann als Insurgenten gegen den Sultan stellen. Und ich will alles nur offen und klar, in vollster Gesetzlichkeit machen.« [1]

Die Unterredung beendend, erklärt Friedrich: »Ich möchte dies alles verwirklicht sehen, es wäre für viele ein Segen!« Hierauf noch einige eindringliche Worte Hechlers zum Erzherzog über die Reifung der messianischen Zeiten Israels. Dieser hört »mit angespannter Aufmerksamkeit und voller Glauben« zu; tief bewegt folgt Herzl seinen Ausführungen. Er fühlt sich im siebenten Himmel und kann seinem Freund und Pastor nach der Audienz nur sagen: »Welch wundervoller Mensch!« Während er Hechler zum Bahnhof begleitet, von wo er nach Basel verreist, verwehrt sich Herzl dagegen, dass sein Freund eine Eilbotschaft an seine Londoner Freunde schicke mit der Meldung, dass »zwei gekrönte Häupter über die baldige Errichtung eines Judenstaates in Kenntnis gesetzt worden seien«. Hören wir dazu Herzl:

---

[1] Es ist klar, dass Herzl, wenn er noch gelebt hätte, zuerst die Anerkennung des Judenstaates durch die Nationen verlangt hätte, um anschließend die Kolonisation zu beginnen. Dies haben seine Nachfolger nicht begriffen.

»Ich bat ihn, diese Depesche zu unterlassen, weil der Großherzog damit vielleicht nicht einverstanden wäre. Jetzt bedaure ich, ihn davon abgehalten zu haben. Es hätte in England großes Aufsehen gemacht, und der Großherzog wäre gar nicht genannt worden.«

In der Eisenbahn, die sie nach Wien zurückbringt, haben die beiden Freunde genügend Zeit zu abschließenden Betrachtungen, wobei Hechler es nicht unterlassen kann, eine große Landkarte Palästinas zu entrollen, um seinem Freund Herzl die genauen (und natürlich auch prophetischen) Grenzen des künftigen Staates darzulegen: im Norden bis zu den Bergen Kappadoziens, im Süden der Suezkanal. »Das Palästina Davids und Salomos, lieber Dr. Herzl; das ist das Schlagwort, das zu verbreiten ist!« Dann arbeiten beide am Memorandum für Friedrich, zur Vorbereitung der Audienz des Kaisers und zu dessen Intervention zugunsten eines jüdischen Palästina – unter besonderer Hervorhebung folgender Punkte:

1. Im Heiligen Land werden die Juden zu hervorragenden Trägern der westlichen Kultur.
2. Der Zionismus kann dazu beitragen, die revolutionären Elemente Europas zu schwächen.
3. Der Zionismus wird die jüdische Finanz in ein anderes Umfeld verlagern.

Hiermit wird sichtbar, dass unser guter Kirchenmann ab und zu mit beiden Füßen auf dem Boden steht und geschickt mit scharfsinnigen Argumenten die Sache Jerusalems dem Cäsar vorzutragen weiß! Diese Begegnung mit dem deutschen Kaiser wird während zwei Jahren zu einem dauernden Sorgenkind für Herzl, der sich einbildet, dass die Sache gelaufen und die erwartete kaiserliche Audienz nur noch eine Angelegenheit von einigen Wochen sei. Doch der Kaiser lässt sich nicht so ohne weiteres auf ein Gleis manövrieren, wo sich die Wege der internationalen Politik in allen Richtungen überschneiden, und schon gar nicht auf ein Gleis, das von einem jüdi-

schen Journalisten, unterstützt von einem Endzeit-Pastor, vorgezeichnet ist!
Sogar der gute Friedrich von Baden verfolgt eine gewisse Zeit eine Politik des »wait and see«, bevor er sich in einem Schreiben an seinen Neffen endgültig für die Sache entscheidet. Es bedingt in der Tat den Erfolg des ersten zionistischen Kongresses von Basel und dem damit verbundenen weltweiten Pressewirbel, um die Angelegenheit wieder in Fahrt zu bringen – wie wir sehen werden ausgelöst durch die treibenden Maßnahmen Hechlers.
Der Kaiser ist nicht unbedingt ein geistvoller Kopf; er ist unbeständig, und nur Belange von unmittelbarem Vorteil für seine Eitelkeit bewegen ihn. Einen Moment lang denkt er, die zionistische Bewegung dieses mysteriösen Dr. Herzl könnte den deutschen Interessen im mittleren Orient dienlich sein. Dann lässt er die Angelegenheit aber bald einmal beiseite, um sie dann, wir werden es sehen, im Verlauf des von ihm ausgelösten Ersten Weltkriegs wieder aufzugreifen.

*

Herzl überlegt einen Augenblick, ob er durch Vermittlung zwischen den Parteien die zionistische Sache mit dem Drama um Armenien verbinden solle. Der englische Botschafter in Wien ist interessiert und unterbreitet den Gedanken seinem Außenminister Salesbury, begleitet von einer Notiz Hechlers, der das Problem einmal mehr geschickt aufrollt.
Anfang Juni begegnet Herzl bei Hechler dem anglikanischen Bischof Wilkinson:
»... einem klugen, schlanken alten Mann mit weißen Whiskers und dunklen gescheiten Augen. Der Bischof hatte meine Broschüre schon gelesen. Er fand, es wäre ›rather a business‹ (eher ein Geschäft). Ich sagte kategorisch: ›I dont't make business. I am a literary man‹ (Ich mache keine Geschäfte. Ich bin ein Mann der Literatur.), worauf der Bischof erklärte, dass er das nicht kränkend gemeint habe. Er halte die Sache vielmehr für eine prakti-

sche. *Wenn es auch als Geschäft begänne, könne doch etwas Großes daraus werden... Er segnete mich schließlich und wünschte Gottes Segen für die Sache.«*

Einige Tage zuvor ist Herzl mit dem Nuntius von Wien, Mgr. Agliardi, zusammengekommen, der zufrieden schien, dass Herzl keinerlei Absichten hege, die heiligen Stätten in einen Judenstaat zu integrieren. Nach dem Gespräch, das sehr rasch durch das Erscheinen des französischen Botschafters unterbrochen worden ist, vermerkt Herzl jedoch diesen bitteren Gedanken:

»Ich glaube, Rom wird dagegen sein, weil es die Lösung der Judenfrage nicht im Judenstaat sieht u. diesen vielleicht sogar fürchtet.«

Entgegen den Ansichten Hechlers reist Herzl am 15. Juni nach Konstantinopel in der Absicht, beim Sultan eine Audienz zu erwirken. Hechler ist seinerseits eher der Meinung, es wäre besser, über Berlin und London Druck auf Abdul-Hamid auszuüben, anstatt sich allein in das Abenteuer zu stürzen. Zudem hat er keinerlei Sympathie für den Vertrauensmann Herzls, einen gewissen österreichischen Diplomaten namens Newlinsky, polnischer Herkunft und diplomatischer Vertreter in Konstantinopel. Erst nach dem Ableben dieses Mannes konnte sich Herzl davon überzeugen, dass er nach Strich und Faden betrogen worden war – ohne Erwähnung der investierten umfangreichen Mittel. Im Zug schrieb Herzl die Bemerkung: »Mein armer Hechler war anspruchsloser, als wir zusammen fuhren.«
Herzl verbringt zehn unnötige Tage in dieser großartigen Metropole am Tor zum Orient; als einzige Ausbeute im Gepäck das Ehrenkreuz des Ordens von Mjidiye... Am Tag der Abreise erklärt Newlinsky den Vorschlag des Großmeisters der Zeremonien zum Besuch der Paläste und Schatzkammern des Sultans als großen Sieg für Herzl! Reaktion Herzls:

»Je ne suis pas assez fabricant de chocolat pour être touché jusqu'au larmes par cette faveur.« (Ich bin nicht genug Schokoladefabrikant, um durch diesen Gunsterweis zu Tränen gerührt zu sein.)

Am 30. Juni erfährt der Zionistenführer einen begeisterten Empfang durch die jüdische Gemeinschaft von Sofia; es herrscht fast eine messianische Stimmung. Als Herzl in der großen Synagoge Verlegenheit bekundet, dem Gewölbe mit den heiligen Schriften den Rücken zuzuwenden, ruft ihm jemand zu: »Schon gut so, Sie sind heiliger als die Torah!« Die Leute drängen sich, um ihm die Hand zu küssen ... Am nächsten Tag erhält er eine telegrafische Nachricht Hechlers mit der Aufforderung, sich sofort zu einer Unterredung mit Friedrich nach Karlsruhe zu begeben. Hier stellt er fest, dass dieser inzwischen nach Freiburg verreist ist. Herzl lässt sich entschuldigen und reist direkt nach London weiter, wo er am 5. Juli ankommt.
Es gelingt ihm auch hier nicht, weder die großen Vermögen noch die wichtigen Köpfe der israelitischen Gesellschaft für sich zu gewinnen. Doch die armen Massen des East-End bereiten ihm einen überschwänglichen Empfang, würdig der tollsten Augenblicke von Sofia. So wird es auch während der kärglichen acht Jahre sein, die ihm noch zubemessen sind: Die Bankiers ignorieren oder fürchten ihn, die Armen und die Verfolgten der Pogrome und der Ghettos bejubeln ihn wie einen König... Während dieses Sommers der unablässigen Reisetätigkeit des verkannten Fürsten verausgabt sich Hechler seinerseits mit Konferenzen und Besprechungen in hochadeligen Kreisen Deutschlands. Er hofft, auch Wilhelm II. für jene Audienz zu gewinnen, die den Beginn der »kaiserlichen Schirmherrschaft« besiegeln sollte. Herzl schickt seinem Freund und Pastoren zahlreiche Nachrichten: »Sie, die alle diese gekrönten Häupter kennen, diese Bibelleser und Kenner der hebräischen Propheten, Sie werden mir in einigen Wochen diese Audienz erlangen. Beeilen Sie sich, Freund, lasst uns keinen Moment verlieren ...« Hechler antwortet:

»*Bleiben Sie ruhig, friedlich. Dort oben, am Haupt aller Dinge, thront Einer, der alles nach Seinem Willen lenkt, trotz schlechtem Wollen der schwachen Menschen. Lasst uns Ihm nachfolgen. Ich mache überall Propaganda, Sie wissen es, bei den Herzogen und den Prinzen, aber die Großen sind noch ängstlich... Gott segne Sie!*«

Dann, in dem Augenblick, als Herzl sich nach London aufmachen will zu seinen ersten Kontakten mit den führenden jüdischen Kreisen, schreibt ihm sein Freund Hechler:

»*Ich sende Ihnen beiliegend sieben Empfehlungen für große protestantische Würdenträger. Vorwärts, lieber Freund, Gott will es!*«

Die kaiserliche Audienz lässt auf sich warten. »Was machen Sie, Freund Hechler? Was macht der Großherzog? Haben Sie geschrieben – hat er interveniert? Was ist nur los? Wer hinter den Kulissen will uns schaden? Ist es nicht schon zu spät?« Hechler antwortet aus Wien:

»*Ich bin besorgt um Sie; ich befürchte, Sie wollen in Ihrem Schwung mit dem Kopf durch die Mauer. Ich flehe Sie an, seien Sie nicht ungeduldig. Die Großen dieser Erde müssen gezähmt werden. Wenn dies tausenden Kindern Abrahams unmöglich scheint und wenig wünschenswert, wieviel mehr jenen, die nichts von der Sache verstehen. Ich bitte Sie: Seien Sie sehr vorsichtig, was Sie schreiben und wie Sie es schreiben. Um Ihrer guten Sache willen bitte ich, der ich die Sache neutral von außen betrachte, lassen Sie mich sehen, was Sie schreiben, bevor Sie es absenden. Gott bewahre Sie gnädig und leite Sie!*«

In der Tat hat Herzl am 17. September 1896 folgendes kühne Wort an Friedrich von Baden geschrieben, nachdem sich dieser während sechs Wochen in Stillschweigen gehüllt hat:

»Aus Angst, Sie zu belästigen, werde ich mit diesem Brief auf die Möglichkeit, die Sie mir eingeräumt haben, Ihnen zu schreiben, verzichten, wenn ich von Ihnen weder Brief noch Ermutigung erhalte...«

So schreibt also ein Fürst einem anderen Fürsten, und jeder andere als der gute Erzherzog wäre beleidigt gewesen und hätte jeglichen Schriftwechsel abgebrochen. Doch muss Friedrich im Anschluss an ihre Begegnung vom vergangenen April wohl gewahr worden sein, dass er es mit einer außergewöhnlichen Persönlichkeit zu tun hat, einem Staatsmann von Format; und glücklicherweise ist da noch Hechler, der als »Stoßdämpfer« die Glaubwürdigkeit seines spannungsgeladenen Freundes verteidigen kann. Er schreibt an Friedrich von Baden:

»*Alles, was diese bemerkenswerte Bewegung verlangt, ist die offizielle Anerkennung und der Schutz der europäischen Herrscher. Ist jetzt nicht der Moment gekommen, wo die Bewegung von den Juden selber ernsthaft an die Hand genommen wird... Allerdings meckern einige Agnostiker unter ihnen noch. Ich bin mir indessen gewiss, dass auch sie sich dafür einsetzen werden, sobald der Judenstaat Wirklichkeit wird. Dies wird nach der Bibel eintreffen, denn die Juden werden zum Segen unter den Nationen werden. Wenn ich könnte, würde ich zu allen europäischen Herrschern gehen, um die Sache des antiken Gottesvolkes zu vertreten, und dafür flehen, dass ihm das verheißene Land zurückgegeben wird; denn Gott hat es ihm vor nun schon bald viertausend Jahren für immer gegeben.*
Beweist uns die Revolution von Konstantinopel dieser Tage denn nicht, dass wir in diesem Teil der Welt am Rande einer schweren Krise stehen, wie sie die Propheten angekündigt haben? (...) Darf ich Ihre Hoheit bitten, wenn Sie in Darmstadt kann, dem Zaren ein paar Worte zugunsten dieser Bewegung zu sagen? Wenn ich sie alle nur überzeugen könnte, das Buch Herzls zu lesen, damit sie selber sehen, wie wunderbar es mit den Schriften übereinstimmt – und er hat es geschrieben, ohne es selber zu wissen...«

*

Herzl durchlebt eine Zeit wochenlanger tiefster Entmutigung. Eine Unterredung in Paris anlässlich seiner Rückreise von London mit Baron de Rothschild bringt keinen Erfolg. Dieser ist voll und ganz mit seinem Hilfswerk der ersten Landwirtschaftskolonien in Palästina beschäftigt, ein Werk schlecht verwalteter patriarchalischer Bevormundung und schlechter Führung vor Ort. Zweimal hintereinander, am 3. und 5. Oktober, übermittelt Hechler zwei Nachrichten an Herzl:

»*Wir wollen uns in Ruhe daran erinnern, besonders in den dunkelsten und schwersten Stunden, dass sich der Wille Gottes erfüllt trotz der Irrwege der Menschen. Heute morgen war ich bei Ihnen, um Ihnen ein Wort der Erbauung zu bringen. Oh, Gott möge Sie in seiner Gnade führen und Ihnen Weisheit geben. Bleiben Sie ruhig und vertrauen Sie ihm...*«

Der Brief vom 5. Oktober ist Ursache eines vorübergehenden Missverständnisses im Geist Herzls, ein Missverständnis, das lange Zeit von einigen ihm Nahestehenden genährt wurde und schließlich zu einer Fabel wird – bezeichnendes Schulbeispiel, sobald sich eine jüdisch-christliche Freundschaft anbahnt...

»*Es ist beinahe Mitternacht, und meine Gedanken entfliehen nach Jerusalem und ins Heilige Land. Wie vorgehen, um diese schlafenden und trägen Christen wachzurütteln? Am Sonntagmorgen werde ich über die Rückkehr der Juden nach Palästina predigen; es ist wahrscheinlich der letzte Sonntag, wo unser guter Botschafter in der Kapelle sein und mir bei der Auslegung der Bibel behilflich sein wird. Wäre es nicht angebracht, in Ihrer Zeitung ein paar Worte darüber zu sagen? Kommen Sie, Dr. Herzl. Kommen Sie sonntags um elf Uhr; die Predigt findet um elf Uhr fünfzig statt – aber Sie müssen um elf da sein, um den Botschafter beim Gottesdienst zu hören. Das ist ein guter Rat. Gott führe und segne uns!*«

In seinem Tagebuch vom selben 5. Oktober fügt Herzl bei, nachdem er der außergewöhnlichen Hingabe Hechlers Lob gezollt hat: »Aber ich glaube, er will mich bekehren ...« Dieser Überlegung Herzls, und ohne den Inhalt des Briefes Hechlers zu kennen, darf man voll Vertrauen schenken, denn wieviel Bedauerliches ist doch im Verlauf der Jahrhunderte zwischen der Kirche und der Synagoge passiert! Welchem Druck war doch Israel im »sehr christlichen« Europa ausgesetzt! Wie wenig wurde es an Freundschaft und selbstlose Liebe seitens seiner christlichen Nachbarn gewöhnt! Es ist denkbar schwer zu glauben, auch wenn man Theodor Herzl heißt, dass dieser Pastor, so zionistisch er sich auch geben mag, seine Freundschaft und seine mustergültige Aufopferung nicht unter dem Mantel eines scheinheiligen Bekehrers verbirgt. Auch schwer zu glauben, dass der Beitritt zur anglikanischen Kirche dieses Mannes, der jetzt schon die Rolle eines jüdischen Fürsten verkörpert, dem britischen Botschaftskaplan in Wien überhaupt nicht wünschenswert erscheint.

Doch so ist es. Während seines ganzen Lebens, als Mitglied und Sekretär der berühmten Bibelgesellschaft von London – hervorragende missionarische Bewegung und Verbreiterin der biblischen Schriften in allen Sprachen der Welt –, galt William Hechler mehr oder weniger als Ketzer und Sonderling. Wir haben ihn am Werk gesehen anlässlich seiner Mission in Russland und Rumänien: Es ist keineswegs der Einzug der Juden in den Schoß der anglikanischen Kirche, der ihn mit Leidenschaft beseelt, sondern ihr Einzug ins verheißene Land. Zweifellos war es diese Einstellung, die in den Augen seinesgleichen wie auch seiner Ranghöheren den Ausschlag für den Misserfolg seiner Kandidatur um den Bischofssitz von Jerusalem gaben. So ist theologisch die Haltung Hechlers zum Geheimnis Israel zu sehen.

Israel ist nicht ein Volk wie jedes andere. Schon der Zauberer Bileam hatte es erkannt; es ist das einzige auf der Welt, das gleichzeitig ein Volk, eine Nation und eine religiöse Einheit bildet. Die Synagoge wird nicht verschwinden, indem sie sich in die Nationen integriert, und auch die Kirche wird ihr Verschwinden nicht bewirken können. Gott will nicht, dass die

Kinder Israels ihre Identität verlieren, indem sie sich in der Kirche auflösen, einem christlichen Gebilde so fern der Synagoge (der Wiege der Christenheit). Gott will, dass sein Volk zu ihm zurückkehrt in einer Bewegung der Rückbesinnung auf die Schrift und dass es, trotz Verbleibens in der Synagoge, wenn möglich realisieren kann, dass der in Ehren kommende Messias schon einmal da war in schmerzvoller Unerkanntheit und als für andere zum Tode Verurteilter. Gott will, dass Israel, wenn es sein biblisches Land wiedergefunden hat, dem glorreichen Messias den Weg ebne, damit dieser eines Tages, wie von Sacharja angekündigt, seinen Fuß auf den Hügel der Olivenbäume setzen kann im Angesicht der Heiligen Stadt. Ja, gewiss als König Israels, aber auch als Herr der Kirche. »Man kann«, so meint Hechler, »solches ohne weiteres glauben und hoffen, auch als Kind der Synagoge und in täglicher Verherrlichung vom tiefen Grunde seines Herzens dieser ruhmvollen Erscheinung entgegenblicken...«

Hechler möchte seinem Freund Herzl – dem Fürsten Israels – die messianische Hoffnung vermitteln. Wenn es darum geht, das Land wieder aufleben zu lassen und Jerusalem wieder herzustellen, geht es nicht an, das Pferd am Schwanz aufzuzäumen. Erst im Land Israel wird das jüdische Volk seinen Gott und seine Propheten, aber auch die tiefe messianische Sehnsucht wiederfinden. Zum letzten Stelldichein wie in jenen fernen Zeiten der »Wüstenverlobung«, die dem Propheten Hosea so teuer ist.

Dieser Brief vom 5. Oktober ist klar und unmissverständlich. Hechler ist nicht ein naiver Kirchenmann, der sich einbildet, der Anblick eines Botschafters auf der Kirchenkanzel mache Theodor Herzl zu einem anglikanischen Jünger. Doch er wünscht, dass Herzl ein diplomatisches Zeichen setze; ein solcher Schritt und die damit bezeugte Ehre würden bei dem auf einen höheren Posten nach London zurückberufenen Sir Monton einen nachhaltigen Eindruck hinterlassen, umso mehr, als dieser mehrmals seine Sympathie gegenüber Herzl und seiner revolutionären Sache bekundet hat.

Sicher ist bedauerlich, dass Herzl in einem Anflug unbewussten Ghettoreflexes, wie es uns zu nennen gestattet sei, es nicht für nötig befand, dieser Einladung Folge zu leisten.

Hechler ist neben anderen Prinzen mehrmals dem Großherzog von Hessen begegnet, dem Schwiegervater von Zar Nikolaus II. Diese Tatsache bietet eine weitere gute Gelegenheit für Herzl, der ja nicht nur die Audienz mit dem deutschen Kaiser im Auge hat. So lässt er seinem Freund, dem Pastor, am 18. Oktober 1896 eine russische Übersetzung des »Judenstaates« zukommen zwecks Weiterleitung an den Verwandten des Zars. Gleichzeitig fügt er Notizen bei als Grundlage für zwei Briefe, die an die Prinzen Günther und Heinrich von Preußen gehen sollen. Dann schickt er am 1. Dezember einen Brief an Hechler mit der Bitte, diesen zu Händen von Lord Salisbury in London weiterzuleiten; diesen darf man zu dieser Zeit als die graue Eminenz der hohen Politik Englands bezeichnen. Hier einige wichtige Auszüge:

»Verehrter Freund!
Ihre Ansicht, dass ich Lord Salisbury den Judenplan entwickeln sollte, scheint mir richtig. Nur will ich nicht direct an ihn herantreten. Wenn Sie es für gut finden, werden Sie ihm den Inhalt dieses Briefes zur Kenntnis bringen. Für Sie, mein sehr verehrter Freund, ist die Judensache eine theologische. Aber sie ist auch eine politische... Bei der jetzigen, von der russisch-französischen Entente beherrschten Weltlage würde eine Theilung der Türkei England schwer benachteiligen... Für England wäre die Theilung jetzt ein Verlust, es muss also den status quo wünschen. Dieser kann nur erhalten werden, wenn man die Finanzen der Türkei regelt. Darum hat Russland soeben das vorgeschlagene finanzielle Arrangement verhindert. Russland will die Abbröckelung und Selbstauflösung der Türkei.
Nun gibt es ein Mittel, die türkischen Finanzen zu regeln... die Herstellung eines autonomen jüdischen Vasallenstaates in Paläs-

tina, ähnlich wie Ägypten... Da der Sultan vorläufig noch unbestrittener Souverän ist, kann keine Macht ihn hindern, die Juden zur Einwanderung in Palästina einzuladen. England hätte den Vortheil, dass sofort die Eisenbahn quer durch Palästina vom Mittelmeer nach dem Persischen Meerbusen gebaut würde... Richtung Indien.
England hätte diese Vortheile sans bourse délier (ohne die Börse zu öffnen)...
Findet er (Lord Salisbury) die Sache zu phantastisch, so kann ich nur bedauern. Die Bewegung existiert aber in Wirklichkeit, und ein geschickter und großer Staatsmann wird sie zu benützen wissen...«

Hechler übermittelt diesen Plan und erhält bereits am 14. Dezember die Antwort, die Herzl als »leichten Verweis« an seine Adresse taxiert: »Lord Salisbury bedauert, Dr. Herzl nicht empfangen zu können.« Dieser Lord war in der Tat einer der wenigen englischen Staatsmänner seiner Zeit, die keinerlei spezielles Interesse an »den biblischen Gegebenheiten der Geschichte« bekundeten, die William Hechler so am Herzen lagen.
Was solls! Wenn in London eine Tür zugeht, kann sich morgen in Berlin beim Kaiser eine andere auftun! In der Tat vernimmt Herzl, wie immer durch den Mund des treuen Hechler, der preußische Kriegsminister Verdy du Vernoy (hugenottischer Abstammung) sei eben in Wien eingetroffen; sofort wird an seine Person ein Brief abgesandt, der folgenden erstaunlichen Satz enthält:

»Rund um die Erde läuft heute schon diese von manchen unterschätzte Bewegung. Was sie an Segen birgt, und zwar nicht nur für die Juden, wird noch nicht recht erkannt...«

Man erkennt, dass Herzl, wenn er will – und in diesem Fall bestimmt auf Anraten seines Freundes Hechler –, sehr wohl fromme Wendungen anzuwenden weiß, besonders wenn er sich an einen wahrscheinlich gut frommen Preußen mit hugenottischem Blut in den Adern wendet.

*

So geht dieses Jahr der Begegnung und der ersten neun Monate selbstloser Freundschaft zu Ende. Dank William Hechler ist es dem Anführer der Zionisten in dieser kurzen Zeit gelungen, sich und seine Bewegung bekannt zu machen, besonders durch die von Friedrich von Baden gewährte Audienz, die in irgendeiner Art ein Echo in allen europäischen Höfen und den entsprechenden Regierungen auszulösen vermochte. Die wichtigste Tatsache aus der Perspektive Herzls bestand indes darin, sein eigenes Volk zur Nachfolge und Unterstützung zu gewinnen, insbesondere die reichen Juden unter ihnen.
Seit der Zerstörung des Tempels durch die römischen Legionen war noch nie ein Jude den Mächtigen und den Prinzen der Nationen mit so klarer und kühner Sprache begegnet – welch Ähnlichkeit mit Mose: »Lass mein Volk ziehen ins Land der Väter!« Gewiss, es konnte nicht ausbleiben, dass sich die großen jüdischen Vermögenden zu Beginn unbehaglich fühlten; sie waren in »Babylon« heimisch geworden und wenig begeistert und getrieben, Jerusalem aufzubauen! Doch die Begeisterung, die andererseits in den unterdrückten oder elenden jüdischen Massen aufgeflammt war, konnte nicht mehr niedergehalten werden. Diese steigende Begeisterung würde unweigerlich in die Bewegung einer breiten Volksmeinung ausmünden, auf die gewisse Staatsmänner eines Tages wohlwollend reagieren mussten.
So beginnt das schicksalhafte Jahr 1897, das auf der großen, vom liebenswerten Hechler ausgearbeiteten Charta mit einem dicken roten Kreis hervorgehoben war... Die Audienz beim Kaiser bleibt weiterhin ein verwegener Traum. Hechler lässt es indes nicht an kühnen Unternehmungen fehlen; so entwirft er eine Nachricht an Wilhelm II. in Englisch und auf dem offiziellen Briefpapier der britischen Botschaft! Herzl, leicht amüsiert, findet in der Sache einen Hauch von »offizieller An-

erkennung«. William nähert sich mehrmals dem Prinzen Günther von Schleswig-Holstein, Bruder der Kaiserin. Dieser ist der neuen Bewegung wohlgesinnt, obschon er sie als »sehr sonderbar« betrachtet und befürchtet, als Überbringer von Hechlers Dokument den Kaiser zu irritieren.

Amüsante Anekdote: Während seiner verschiedenen Schritte von einem Hof zum andern vernachlässigt unser Botschaftskaplan oft seine priesterlichen Pflichten; beim Tod eines britischen Gentleman in Wien sucht man den Pastor überall – vergeblich. Herzl selber versucht, ihn telegrafisch zu erreichen – zu spät – und muss von daher die Köchin klagen hören: »Wie schade, es war eine reiche Leiche.« Die Geschichte sagt nicht, ob der Botschafter selber den Kaplan vertreten hat!

Durch Vermittlung Hechlers trägt Herzl die Sache nochmals persönlich dem Prinzen Ferdinand von Bulgarien sowie Großherzog Wladimir vor. Zur besseren Überzeugung des Letzteren verwendet der Autor des »Judenstaates« – wohl auf Anraten seines ergebenen Freundes – ein neues Argument mit eindeutig positiver Wirkung: »Die Rückkehr der Juden garantiert den Schutz der Christen im Orient!«

Dann wendet sich Hechler an einen andern Botschafter, bei dem er immer ein gern gesehener Gast ist: von Eulenburg, Vertreter des Kaisers in Wien und Ehemann einer ehemaligen Schülerin des Pastors. Am 14. März 1897 lässt dieser ausrichten, William werde in der Botschaft mit Wohlwollen erwartet, wann immer es ihm beliebe. Von Eulenburg ist ein Vertrauter des Kaisers, und, wer weiß, vielleicht läuft der beste Weg zu der ersehnten Audienz über ihn.

Im April trifft Herzl einen Freund Hechlers, den Baron Manteuffel – ein begeisterter Zionist wie er selber –, der auf seinen Gütern in Italien junge jüdische Weinbauern ausbildet, die er später nach Palästina senden will. Der Baron ist eben dabei, sich vor Ort zu begeben, um die Möglichkeiten der Ansiedlung zu prüfen. »Wirklich«, sagt sich Herzl, »wenn diese Christen sich dem Zionismus zuwenden, dann auf dem direktesten Weg!«

Diese Begegnung lässt Balsam ins Herz des entmutigten Anführers fließen. In der Tat haben sich die jüdischen Bewegungen und »Freunde« eine nach der andern von ihm abgesetzt. Der härteste Schlag kommt indes von der jüdischen Gemeinschaft in München, die es ablehnt, den Jüdischen Kongress zu empfangen, der Ende August daselbst hätte stattfinden sollen. Mehrere Gesellschaften der »Geliebten von Zion«, namentlich jene von London und Berlin, erteilen ebenfalls eine Absage. Persönliche Rivalitäten und Eifersucht spielen dabei eine nicht unbedeutende Rolle. Der Freund aus Paris, Dr. Nordau, ist einer der ganz wenigen Treugebliebenen. Hechler ist höchst verblüfft über den einstimmigen Widerstand der österreichischen und deutschen Rabbiner. Er begegnet einigen von ihnen, insbesondere dem Großrabbiner Gudemann von Wien, jedoch ohne Erfolg. Er realisiert schnell einmal, dass zwei Gründe für diese erstaunliche Haltung vorliegen: Zuerst die Tatsache, dass diese Rabbiner und Großrabbiner alteingesessene bürgerliche Vereine leiten (nach Jahrhunderten erlittener Verachtung und Pogrome). Diesen guten Leuten den Zionismus zu predigen, käme einem Akt von Heldentum gleich. Ermutigt sie übrigens Freund Herzl nicht selber, subtil gegen ihn und seine Bewegung zu predigen, nur um diese Mauer verschlossenen Stillschweigens und Verschwörung zu brechen? Alles scheint ihm besser als ein hinterhältiges Komplott.

Für die große Mehrheit der Rabbiner verkörpert dieser Theodor Herzl einen gefährlichen Fanatiker, einen »Nichtpraktizierenden«, und von daher jemanden, den Gott doch nie hätte erwählen, berufen und segnen können. Die Sache ist vollkommen klar: Befasst sich Gott nicht ausschließlich mit frommen Menschen, die ihre Frömmigkeit auch zur Schau tragen? Da also die Juden von München Herzl und den Seinen die Aufnahme verweigern, wenden sich diese nach Basel. [1]

*

---

[1]) Weniger als 30 Jahre später wird diese gute Stadt München zum Sprungbrett für einen Abenteurer namens Adolf Hitler...

Anfang Juni 1897 bringt Herzl, lebhaft unterstützt von Hechler und einigen andern Getreuen, »seine Zeitung« und Organ des Zionismus unter dem Namen »DIE WELT« heraus. Dieser Entschluss verschärft seine Beziehungen zur »Freien Presse«, bei der er eine führende Rolle spielt. Diese berühmte Tageszeitung wird von zwei Juden geführt, die zum Christentum konvertiert hatten und die den eigenartigen Aktivitäten ihres Mitarbeiters nie gut gesinnt waren; solcherart, dass Herzl die Anzeige der ersten Ausgabe seiner zionistischen Wochenschrift im Betrag von 75 Florint aus seiner eigenen Tasche bezahlen muss! Er befürchtet sogar die Möglichkeit, seines Postens als Redaktor – seinem Brotkorb – enthoben zu werden. Diese Furcht verfolgte seinen Geist bis zu seinem Tode und trug nicht wenig dazu bei, ihn seelisch und körperlich aufzureiben. In dieser Zeit begann er denn auch regelmäßig unter Herzbeschwerden zu leiden.
Am 21. August 1897 schreibt Hechler an den Großherzog von Baden einen Brief. Hier ein erweiterter Auszug daraus:

»... Nächste Woche werde ich am Zionistenkongress in Basel teilnehmen... Es ist einfach wunderbar zu sehen, wie sich diese Bewegung in nur einem Jahr in der ganzen Welt entwickelt hat. Dies trotz dem Widerstand einiger wohlhabender Juden, die sich um die glorreiche Geschichte ihrer Ahnen wenig kümmern und noch weniger um den Gott Abrahams, Isaaks und Jakobs und damit die Versprechungen ignorieren, die den heutigen Juden von den Propheten gegeben sind... Nachher begebe ich mich eilend nach Wien, wo ich einige Bischöfe der Konferenz von Lambeth erwarte, die sich zum Kongress der ›Alten Katholiken‹ begeben.«

Seinem Brief an Friedrich von Baden fügt Hechler eine Kopie seines eben verfassten Aufrufs bei, der teilweise in »Die Welt« erscheint:

»Kinder Abrahams, erwachet!
Als Christ glaube ich ebenfalls an die sogenannte zionistische

Bewegung, denn nach der Bibel und ihren antiken Propheten wird in Palästina ein Judenstaat erstehen. Nach den Zeichen unserer Zeit zu urteilen, scheint mir, dass die Juden bald ihre geliebte Heimat wiederfinden werden ... Dieses große und wundervolle Land, das Gott Israel gegeben hat und das mit Leichtigkeit 20 bis 30 Millionen Bewohner aufnehmen kann; eines der schönsten Länder der Welt mit seinen frischen, gemäßigten und heißen Zonen, ein Land, wo verschiedene Kulturen und Zivilisationen zugelassen sind; Handels- und Industriezentren, wie sonst nirgendwo. Heute haben Spätregen wieder eingesetzt. So antworten nicht nur die Propheten ihrem Gott, sondern die Natur selbst. Israel, komm heim in deine Heimat! Das Land hat seinen Sabbat gefeiert, und die Himmel öffnen sich wieder, nachdem sie so lange versiegelt waren ... Sicher wird durch diese, von Gott seit langem vorausgesagte Rückkehr die schmerzliche Situation so vieler Juden verbessert werden und der boshafte antisemitische Hass aufhören. Die Türkei kann durch die Einwanderung in Palästina einer arbeitsamen und geistreichen jüdischen Agrarbevölkerung nur gewinnen; dies unter einer legalen Regierung türkischer Hoheit und dem Schutz der europäischen Regierungen. Ich bin mir gewiss, dass die Errichtung eines Judenstaates mit der Unterstützung der europäischen Herrscherhäuser, die Einweihung des von Jesaja, Micha und Sacharja angekündigten Heils bedeuten würde ...« »*Dies würde den Israeliten keineswegs hindern, weiterhin ein treuer und loyaler Bürger seines Wohnsitzlandes zu bleiben. Die zionistische Bewegung nimmt rasch zu, und derweil wird dieses wundervolle 20. Jahrhundert der Elektrizität, der Eisenbahnen, der Wiederherstellung des deutschen Kaiserreiches und anderer Königreiche die Auferstehung des Judenstaates betrachten können. Gott will es! So lautet unser Marschbefehl!*«

Nichts wurde vergessen in diesem naiven Aufruf an die Gegner seines Freundes Herzl: weder die Propheten – auf dem Ehrenplatz – noch der Zauber der großen Errungenschaften in Handel und Industrie, noch die Stimmungsverbesserung in Palästina, noch die Schmerzen der pogromisierten Brüder, noch der diskrete Aufruf des weltweiten Antisemitismus, noch die Eisenbahn, noch die Elektrizitätswirtschaft, die ein besonders gutes Verhältnis zum Kaiserreich pflegte, noch besonders – welch fein geführter Hieb – die Versicherung, dass es trotz all diesem möglich bleibe, ein guter und treuer deutscher Bürger zu sein. Natürlich ist es nicht möglich, festzustellen, welchen Einfluss dieser sonderbare Aufruf auszuüben vermochte. Wir würden gerne glauben, dass einige ehrbare Kaufleute, einige ernste Gelehrte durch den eindringlichen Ruf eines so kompetenten »goy«, der es so glänzend verstand, die hebräischen und längst vergessenen Propheten einzubringen, zur Liebe für Zion »bekehrt« wurden!

*

Im Zug nach Zürich schreibt Herzl am 24. August von einer unerwarteten Begegnung:

»Heute morgen, als ich im Tiroler Hof die Treppe herunterkam, wer trat mir entgegen? Hechler! Er war schon gestern Abend da und hatte im Salon einen Vortrag über mich u. meine Bewegung gehalten, während ich einen einsamen Nachtspaziergang durch die Straßen Innsbrucks machte und alles eher gedacht hätte, als dass die upper tens (die obern Zehn) im Tiroler Hof jetzt von einem clergyman (Geistlichen) über Zionismus belehrt wurden.«

So vernimmt eine erstaunte Welt, dass vom 29. bis 31. August 1897 in Basel die »Verfassungsgebende Versammlung des Judenstaates« stattfindet, vertreten durch 202 Delegierte in Galakleidung gemäß formellem Wunsch Herzls. Dies war es wohl wert nach so vielen Jahrhunderten der Schikanen und der Scham. Ab und zu lächeln sich der Führer und sein Komplize, Freund und Pastor, verschmitzt zu. Also ist es doch wahr geworden! Hier, mitten im Sommer dieses Jahres der erfüllten Vorahnungen Hechlers, die demnach keineswegs irr waren. Doch darf weder der eine noch der andere vergessen, dass die echten Schwierigkeiten erst noch vor ihnen liegen. Theodor Herzl ist sich dessen bewusst und schreibt eigenartigerweise am Vorabend der feierlichen Eröffnung:

»Die Leitung dieser Verhandlung wird überhaupt ein wie ich glaube seltenes Kunststück sein, das keinen anderen Zuschauer haben wird als den, der es aufführt. Ein Eiertanz zwischen allen unsichtbaren Eiern:
1. Ei der Neuen Freien Presse, die ich nicht compromittien darf u. der ich keinen Anlass geben darf, mich hinauszubugsiren
2. Ei der Orthodoxen
3. Ei der Modernen
4. Ei des österreichischen Patriotismus
5. Ei der Türkei, des Sultans
6. Ei der russischen Regierung, gegen die nichts Unliebsames gesagt werden darf, obwohl man die deplorable Lage der russischen Juden doch erwähnen muss.
7. Ei der christlichen Confessionen wegen der heiligen Stätten
8. Ei Edmund Rothschild
9. Ei Chowewi Zion (Geliebte Zions) in Russland
10. Ei der Colonisten, denen man Rothschilds Hilfe nicht verderben darf, tout en considérant leurs misères (alles unter Berücksichtigung ihres Elends).
11. Dann die Eier der persönlichen Differenzen
Ei des Neides, der Eifersucht ...
Es ist eine Arbeit des Herkules – ohne Überschätzung, denn ich habe ja keine Lust mehr dazu.

Nach dem Kongress, zurück in Wien, schreibt Herzl die berühmten Worte nieder, die fortan im Herzen jedes Israeli eingraviert sind:

»In Basel habe ich den Judenstaat gegründet. Wenn ich das heute laut sagte, würde mir ein universelles Gelächter antworten. Vielleicht in fünf Jahren, jedenfalls in fünfzig wird es jeder einsehen ...

Ich habe also in Basel dieses Abstracte u. darum den allermeisten Unsichtbare geschaffen. Eigentlich mit infinitesimalen Mitteln. Ich hetzte die Leute allmählich in die Staatsstimmung hinein u. brachte ihnen das Gefühl bei, dass sie die Nationalversammlung seien.«

Fünf Jahre, fünfzig Jahre? In fünf Jahren wird er ein restlos verbrauchter Mann sein, in der Sackgasse und nahe der Agonie. In 50 Jahren aber – genau am 29. November 1947 – wird ein anderes Gremium, die Versammlung der Vereinten Nationen, mit einer einzigen Mehrstimme den neuen Staat mit dem theophoren Namen Israel aus dem Taufbecken der Geschichte heben!

*

Für den Augenblick ist Hechler da und lächelt in seinen Bart eines wohlwollenden Patriarchen. Seine frühmorgendlichen Studien in Kälte und Einsamkeit, der Spott und die Sticheleien, das mitleidvolle Lächeln über all die Jahre – sie sind doch nicht umsonst gewesen. Er durchlebt die größte Minute seines Lebens als Mensch: Sein vertrauter Freund enthüllt sich als der Erwählte Gottes. Glitzert es nicht wie die Krone auf der Stirn eines assyrischen Monarchen, als sich alle Delegierten erheben, um ihm, einige schreiend und andere weinend, zuzujubeln – oder ist es nur ein Spiel des Lichtes?... Hechler durchlebt auch die größte Minute seines Lebens als Pastor: Die Propheten, seine alten Begleiter von Kindheit an, erleuchten diesen Augenblick. Er hat die Geschichte richtig entziffert; in diesem Augenblick der Ergriffenheit und der Ehre wird ihm voll bewusst, dass Jerusalem seine Stellung als Drehscheibe der Politik Gottes wieder erlangen wird – weit über Berlin und London, Paris oder Konstantinopel: »Deine Söhne, deine Töchter werden wiederkommen zu dir, leidenschaftliche und zarte Mutter; hier sind sie, unter meinen Augen, ein bisschen linkisch in ihrer Galaaufmachung; sie wenden sich zu dir; nun werden sie dich niemals mehr vergessen ...«

Von allen Reaktionen weltweit sind die des Vatikans die klarsten. Der Heilige Stuhl bringt eine diplomatische Note in Umlauf. Darin protestiert er gegen die jüdische Anwandlung, die heiligen Stätten einnehmen zu wollen. Herzl ersucht um Audienz beim Nuntius Taliani in Wien; er erhält eine Meldung vom Sekretariat der Nuntiatur, die Öffnungszeit sei täglich von 10 bis 12 Uhr. Er spricht am 23. September vor, um kurzerhand zu erfahren, ein Empfang sei ihm verweigert.

*

Das Hauptanliegen bleibt indes die Audienz beim Kaiser. Hechler lässt alle seine Verbindungen spielen – über das großherzogliche Duo, die Prinzen und seinen Kollegen Dryander in Berlin. Herzl schreibt seinerseits am 22. Oktober an Friedrich von Baden und fügt ein Memorandum für dessen kaiserlichen Neffen bei. Er wird am 1. Dezember erfahren, dass der Kaiser die Sache bekommen hat, ihn aber zur Zeit nicht empfangen kann. Er bittet ihn aber, ihm die vom Zionistenführer publizierte Studie »Der Basler Kongress« zukommen zu lassen. Ein halber Erfolg – abwarten und hoffen.

Notiz vom 12. März 1898: »*Ich bin müde, das Herz nicht in Ordnung.*«

Am 17. April 1898: »*Die ›Welt‹ hat in Wien 280 Abonnenten. Das bisherige namhafte Deficit trage ich natürlich allein...*«

Dann am 21. Mai:

»*Hechler fährt zur Kirchenconferenz nach Berlin. Ich habe ihm wieder gewaltig zugeredet, den Kaiser zu bestimmen, dass er mich empfange. Wenn er das zuweg bringt, versprach ich ihm, dass er auf unsere Kosten im Herbst zur Zeit von Kaisers Palästinafahrt auch hingeschickt werden solle. Hechler spürte, wieviel Gewicht ich darauf lege, vom Kaiser empfangen zu werden,*

u. verlangte, ich solle morgen, Sonntag, in die englische Kirche kommen u. mit ihm beten. Ni plus ni moins (weder mehr noch weniger). Ich sprach hierauf vom Graswuchs in meinem Garten, in dem wir saßen...
Dann, als er fort war, schrieb ich ihm, dass er nach Palästina fahren werde, wenn er mir den Empfang richtet.«

Hechler schreibt seinem Freund jeden Tag aus Berlin, und alle diese Nachrichten schließen mit den Worten »Ora pro nobis!«, was Herzl nicht zu beruhigen vermag. Seine Skepsis ist berechtigt: Am 31. Mai kehrt Hechler mit leeren Händen aus Berlin zurück. Doch er kann seinen Freund von einer Unterredung mit Friedrich von Baden informieren, der dringend empfiehlt, alles zu unternehmen, um den Gesandten und einflussreichen kaiserlichen Berater in Wien, von Eulenburg, für die Sache zu gewinnen. Der Großherzog empfiehlt Hechler, nicht zu zögern, den deutschen Botschafter einmal mehr auf die Wichtigkeit hinzuweisen, die der Zionismus für die deutschen Interessen in Mittelost bedeuten könne.

*

Schlussendlich, am 28. Juli 1898, schickt Friedrich von Baden von St. Moritz, wo er zur Erholung weilt, einen langen Brief an Wilhelm II.. Darin kommen Herzl, der Zionismus und ein Projekt Hechlers zur Sprache. Dieses Projekt, das ihm sehr am Herzen liegt, geht dahin, die Bundeslade und Gesetzestafeln Moses wieder zu finden, die dieser vor seinem Tode irgendwo an den Hängen des Berges Nebo versteckt haben soll. Hechler ist sich dessen absolut sicher. Deshalb wünschte er, Deutschland – oder England – solle das ganze Gebiet um das Tote Meer vom Sultan, dessen Finanzen fortwährend ausgetrocknet sind, erwerben. Dieser Traum wird den alten Pastor bis zu seinem Tod im Jahre 1931 verfolgen. Er hofft natürlich, dass Wilhelm II., der von der Idee Herzls wenig begeistert ist, es umso mehr von diesem Plan sein würde, der dem deutschen Kaiser-

reich durch diese Möglichkeit fantastischer biblisch-archäologischer Funde weltweit Glanz verleihen würde; doch sein Hintergedanke ist, dass über diesen Umweg auch Herzl und seine Ideen zum Zug kommen möchten!
In dieser letzten Schlacht gegen die Festung des Kaisers lässt der Kaplan von Wien nun gar Mose und die Gesetzestafeln auffahren. Es ist rührend, mit welcher Mühe und großem Ernst der gute Friedrich seinem Neffen in Berlin diesen abstrusen Plan des Langen und Breiten erklärt. Dieser antwortet zwei Monate später, am 29. September, aus seinem Jagdhaus in Romintern:

»*... es ist heiß und die Hirsche lassen mir wenig Zeit ... Ich habe die Schriften Hechlers durchgelesen und die Studie von Dr. Herzl von einem meiner Sekretäre lesen lassen... Die zionistische Idee muss weiter verfolgt werden, denn es darf keine Gelegenheit verpasst werden, die jüdische Macht zu schwächen ... mit gleichzeitigem wuchtigen Schlag auf die sozialistische Subversion. Gute Sache auch, den türkischen Finanzen dank den Rothschilds und anderen zu Hilfe zu kommen ... Aber ich vergesse nicht, dass die Juden Jesus getötet haben und Gott sie dieses Verbrechen teuer bezahlen ließ. Deshalb, wenn die deutschen Untertanen erstaunt sein sollten, dass der Kaiser die zionistische Bewegung unterstützt, geziemt es sich, ihnen in Erinnerung zu rufen, was im Evangelium steht: ›Liebet eure Feinde, tut wohl denen, die euch verfolgen‹ – sowie der Ausspruch Christi: ›Macht euch Freunde mit dem ungerechten Mammon.‹*«

Diese kaiserliche Auslegung ist pikant und wirft ein gewisses Licht auf diesen Kaiser, der einige Jahre später wissentlich ganz Europa in eine fürchterliche Schlächterei stürzen und damit für einen großen Teil der Welt zur Verkörperung des Teufels werden sollte ... Doch abgesehen davon erklärt sich Wilhelm bereit, Dr. Herzl anlässlich seiner nächsten Wallfahrt nach Palästina zu empfangen.

*

Ende August findet in Basel der zweite, für Herzl besonders kräftezehrende Kongress statt; die letzte Sitzung, die er zu leiten hat, dauert nicht weniger als 21 Stunden. Dann, am 3. September und begleitet vom treuen Freund Hechler, eine zweite Audienz bei Friedrich von Baden, welcher sich nun offen für die Schaffung eines Judenstaates ausspricht. Der Kaiser hat ebenfalls von Eulenburg beauftragt, eine genaue Studie über das Problem, für seine im Herbst stattfindende Begegnung in Konstantinopel mit dem Sultan zu erarbeiten. Deutschland ist in der Tat dabei, sich im Herzen des Ottomanischen Reiches festzusetzen. Die Idee von der Bundeslade hat ihn gefesselt, und er will darüber mit Abdul Hamid sprechen...
Diese Ereignisse werden überschattet von der Ermordung der österreichischen Kaiserin. Alle gekrönten Häupter Europas treffen sich am 17. September in Wien. Am Vortag empfängt von Eulenburg Herzl in Begleitung Hechlers, der hemdsärmelig seine letzten Vorbereitungen zu einer kleinen biblischen Ausstellung in der Halle der Botschaft trifft... Von Eulenburg ist in herzlicher Stimmung und aufrichtig bereit, beim Kaiser sein Bestes zu tun, der seinerseits sicher glücklich sein wird, Herzl im Heiligen Land zu empfangen. Der siebente Himmel! In seinem Tagebuch vermerkt Herzl an diesem 16. September 1898:

»Zur Belohnung für sein bisheriges Management erhält Hechler die Reisespesen nach Palästina, zunächst 1000 fl. Er ist eine so brave alte Haut u. bescheiden u. demütig. Er hat es gar nicht verlangt. Es macht mir eine Herzensfreude, dem alten Mann diesen geheimen Wunsch zu erfüllen.«

Am folgenden Tag begegnet Herzl zum ersten Mal dem Kanzler von Bülow, der überbordet von schönen Worten und Lächeln; doch Herzl wird bald feststellen müssen, dass alles nur Heuchelei und versteckte Feindschaft gegenüber den zionistischen Plänen ist.
Am 8. Oktober ist folgende naiv-schmerzhafte Notiz zu lesen:

»*Durch den Zionismus wird es den Juden wieder möglich werden, dieses Deutschland zu lieben, an dem ja doch trotz alledem unser Herz hing!*«

Da es gewissen Leuten schwer fallen würde zu verstehen, dass ein Pastor die zionistische Delegation ins Heilige Land begleitet, entschließt sich Hechler, dieser vorauszugehen. Er schifft sich Anfang Oktober allein über Konstantinopel nach Jaffa ein. Vorgängig schickt er seinem Freund Theodor nacheinander drei Nachrichten – richtige Anweisungen – zu seiner Vorbereitung und Einstimmung auf das Land seiner Väter:

»*Siehe, es kommt die Zeit, spricht der Herr, dass ich dem David einen gerechten Spross erwecken will. Der soll ein König sein, der wohl regieren und Recht und Gerechtigkeit im Lande üben wird.*« Jeremia 23,5

»*Der Herr Zebaoth wird sie segnen und sprechen: Gesegnet bist du, Ägypten, mein Volk, und du, Assur, meiner Hände Werk, und du, Israel, mein Erbe!*« Jesaja 19,25

»*So spricht der Herr: Ich kehre wieder auf den Zion zurück und will zu Jerusalem wohnen, dass Jerusalem eine Stadt der Treue heißen soll...*« Sacharja 8,3

Es ist nicht mehr als richtig, dass nach den Herzogen, Prinzen und Ministern dieser Welt anderen das letzte Wort in diesem einmaligen Abenteuer zugesprochen wird. Es ist nicht mehr als gerecht, dass die Propheten als Sprecher des alleinigen Meisters der Geschichte diese Wallfahrt anführen und dass die Männer auf dem Weg nach Jerusalem, sei es aus Liebe, Interesse oder kleinlicher Ruhmsucht, ein Weile das Stillschweigen wahren ...
Dann, wie es sich gehört, ein langer Brief an Friedrich von Baden. Hier einige Auszüge:

»Wiederum ist Gott sehr gut zu mir: dieser Brief bringt Ihnen zur Kenntnis, Majestät, dass ich nach Jerusalem verreise!
Die österreichische Kaiserin ist in Genf ermordet worden. In meiner Predigt vom letzten Sonntag habe ich einen dringenden Aufruf an Eltern und Erzieher, besonders aber an die Mütter erlassen, damit sie ihre Pflichten gegenüber ihren Kindern nicht vernachlässigen und sie in der Liebe Gottes und dem Wunsch erziehen, gute Menschen aus ihnen zu machen. Die Welt verdirbt immer mehr, zum Teil, weil viele egoistische Mütter ohne Herz nur ihr eigenes Vergnügen suchen, anstatt gute Ehefrauen und Mütter zu sein. Wenn doch nur die Mutter Luchenis ihm gegenüber ihre Pflicht getan hätte!«

Notieren wir nebenbei diese sehr ungewöhnliche Analyse der anarchistischen Tendenzen jener Zeit: Wenn der Mörder der Kaiserin eine Mutter gehabt hätte, die ihn zum Respekt gegenüber den gekrönten Häuptern erzogen hätte, wäre die edle Herrscherin noch am Leben...

»Ich habe die Absicht, so Gott will, Wien am 3. oder 4. Oktober zu verlassen und im Museum von Konstantinopel die griechische Inschrift zu bewundern, die sich im Tempel von Jerusalem befunden hat und die auch der Erlöser betrachten konnte. Ich werde auch dem deutschen Botschafter und seiner Gattin einen Höflichkeitsbesuch abstatten. Diese Letztere war eine meiner Schülerinnen in Karlsruhe und hat mich liebenswürdigerweise ihrem Gatten vorgestellt anlässlich ihres kürzlichen Besuches in Wien. Ihm möchte ich vom Berg Nebo sprechen, um ihn zu überzeugen, beim Kaiser vorstellig zu werden, den ganzen Distrikt östlich des Jordans, beim Toten Meer, zu erwerben... Ohne Zweifel befinden sich dort auch die Manuskripte der fünf Bücher Mose, die er eigenhändig geschrieben hat und in der Arche verborgen waren – und das alles wird beweisen, wie unüberlegt die heutigen Theologen sind, wenn sie behaupten, Mose hätte nichts geschrieben...«

Man sieht: Hechler zweifelt keinen Moment an der Möglichkeit eines solchen Fundes. Ja, warum eigentlich nicht? Ohne behaupten zu wollen, die gewaltigsten Dokumente der Religionen aller Zeiten seien hier wirklich irgendwo vergraben, ist doch die Entdeckung der berühmten Manuskripte von Qumran in derselben Gegend des Toten Meeres ein an sich verblüffender Hinweis. Doch die Politiker des Mittleren Ostens ziehen es vor, sich zu bekriegen und zu hassen, anstatt sich mit vereinten Kräften auf die Suche (noch einmal: Warum nicht?) dieser legendären Tafeln zu machen, die der Menschheit zum ersten Mal aufgezeigt haben, was Gerechtigkeit und Brüderlichkeit bedeuten.

»*Ich hoffe, mindestens eine Woche vor dem Kaiser in Jerusalem einzutreffen und mich sogleich nach dem Berg Nebo aufmachen zu können – sofern es meine Mittel erlauben – und das ganze Gebiet für Seine Majestät zu photographieren... Man sagt, der ganze Distrikt sei sehr reich an wertvollen Mineralien. Ich glaube, dass außergewöhnliche Schriften ans Tageslicht kommen werden, ähnlich jener moabitschen Säule von Mesha, die nahe dem Berg Nebo gefunden wurde... Die Geschichte unseres Herrn schreitet schnell voran; ich bin in der Lage, mich für den deutschen Kaiser dafür verwenden zu können, in diesem Teil der Welt die Interessen aller Protestanten und aller Juden wahrnehmen zu können. Wie würde sich doch der heilige Kaiser Friedrich-Wilhelm IV. freuen, wenn er noch unter uns wäre...*«

Liebenswerter Hechler, der aus dem Urheber der deutschen Einheit um Berlin einen »heiligen Monarchen« macht – doch war es nicht ein außergewöhnlich frommer König, der zu Jerusalem einen protestantischen Bischofssitz errichtete...?

»*Ich habe Dr. Herzl sehr aufmerksam beobachtet, als er in Gesellschaft Seiner Exzellenz war, und ich habe ihn wie üblich ebenso demütig wie einfach gefunden. Als wir uns in Konstanz zur Audienz mit Ihrer Majestät begaben, hatte ich ihm empfohlen, den*

wertvollen Orden, den er vom Sultan empfangen hatte, zu tragen; doch er lehnte aus Bescheidenheit ab, genauso wie er darauf verzichtete – trotz der Erlaubnis Ihrer Majestät –, darüber einen Bericht zu veröffentlichen. Als der Zionistenkongress ihm die Ausrichtung eines Gehaltes vorschlug, lehnte er ebenfalls ab.
Oh, dass er doch nicht nur ein Instrument in den Händen Gottes sein möge, sondern auch ein wertvoller und herzensdemütiger Diener zum Ruhm und Wohl der Menschheit! In unseren Zeitschriften der anglikanischen Kirche lese ich, dass um Gebete der Gläubigen für Dr. Herzl nachgesucht wird, Gebete, dass Gott ihn führen möge...«

Diese Zeilen muten eigenartig an und müssen etwas näher betrachtet werden.
Es scheint, dass Hechler die Ankunft des Messias noch zu seinen Lebzeiten erwartet habe, zumindest aber die ihr vorlaufenden letzten Zeichen gemäß der jüdischen Tradition: die Erscheinung des messianischen Herolds, Reinkarnation des Elias, angekündigt in den letzten Versen der Propheten (Buch Maleachi).

»Der zweite zionistische Kongress von Basel hat einmal mehr gezeigt, wie sehr es die Juden sind, die, ohne es zu wissen, die Prophetien Gottes erfüllen. Die Gläubigen unter ihnen zögern diesmal nicht, den religiösen Aspekt hervorzuheben... Der Großrabbiner Gaster hat ein Exposé vorgetragen über den Zionismus im Licht des Glaubens... und dies tun sie mit einer Einfachheit und Unbewusstheit wie ihre Väter vor ihnen, als der Retter zum ersten Mal nach Jerusalem kam... Die Abgeordneten erklärten, ihre Kinder im zionistischen Glauben erziehen zu wollen... Jedes Detail ist für uns Theologen ergreifend, die wir gleich Wächtern über den geistlichen Mauern von Zion stehen... Wir sind Betrachter der Wiederbelebung jener Gebeine, die Hesekiel in seiner Vision im Tal liegen sah. Möge Gott, dass wir bald auch dem Ausgießen des Heiligen Geistes beiwohnen dürfen, das von demselben Propheten in demselben Abschnitt angekündigt worden ist (Kap. 36). Einer der Rabbiner

liberaler Tendenz hat mir am Kongress in Basel bestätigt, dass er in seinem Ritual wieder das lange vernachlässigte Gebet einschließen wolle: ›Nächstes Jahr in Jerusalem.‹«

Damit zögert Hechler nicht, das zionistische Ideal ins allgemeine Umfeld des Glaubens einzubetten, über das tiefgreifende Verständnis der zionistischen Charta, wie sie Hesekiel anführt. Wenn Gott am Werk ist – und wie könnte er es nicht sein? –, werden sich die psychischen und materiellen Aspekte dieses geistlichen Abenteuers seinem Willen nicht entgegenstellen. Weil sie dieses Geheimnis, das vollumfänglicher Bestandteil des Rätsels Israel ist, nicht zu verstehen vermögen, haben die Kirchen weder den Zionismus unterstützt noch seinen Staat anerkennen wollen.
Letztes Kapitel dieses langen Briefes an Friedrich von Baden:

»Wir erwarten nächsten Monat den Besuch des deutschen Kaisers im Heiligen Land. Aber vielleicht haben wir bald das Vorrecht, dort Jesus zu begegnen, der versprochen hat, dorthin zurückzukommen ... er, der an jenem Tag seinen Fuß auf den Oelberg setzen wird. Die Zeichen um uns herum mehren sich, die diese Wiederkunft anzeigen – in einer kürzeren Frist, als viele Theologen denken. Eines dieser Zeichen ist mir letzte Woche aus Indien bekannt geworden: die wachsende Erwartung der Hindus und Muslime über das Erscheinens eines Erlösers. Pastor Guildford aus dem Punjab schreibt über ihre Erwartung eines tausendjährigen Friedensreiches durch die Erscheinung eines großen Mannes. In Westindien hat ein Muslim die Rückkehr Christi verkündet, was ihm viele Verfolgungen eingetragen hat ... Diese erstaunlichen Tatsachen erinnern mich an die Aussagen des berühmten Tacitus über seine Zeit (die evangelisch war) betreffend die heidnische Hoffnung im Kaiserreich Roms. Deshalb sollen wir uns nicht verwundern, wenn uns die Zeichen der Wiederkunft Christi von evangeliumsfremden Menschen dargebracht werden.«

*

Schließlich tragen die vereinten Bemühungen Friedrichs von Baden, Hechlers und Herzls ihre Früchte: Am 10. Oktober schickt der Großherzog ein Telegramm an Hechler, in dem er ihm mitteilt, der Kaiser sei bereit, Herzl zuerst in Konstantinopel und anschließend in Palästina zu empfangen. Am 16. Oktober empfängt der Kaiser, begleitet von Minister von Bülow, den Zionistenführer in Konstantinopel. Hier einige der packenden Äußerungen, die bei dieser Gelegenheit gewechselt wurden und von Herzl am 19. Oktober in seinem Tagebuch festgehalten sind:

»*Er (der Kaiser) erklärte mir, warum ihm die zionistische Bewegung zusage... Er sprach von den Juden immer als von meinen ›Landsleuten‹ in einem nicht gerade freundlichen Ton. Er zweifelte nicht, dass es uns bei den Geldmitteln u. Menschenkräften, über die wir verfügen, gelingen werde, die Colonisirung Palästinas durchzuführen. ›Es gibt‹, sagte er, ›unter Ihren Landsleuten Elemente, die in Palästina unterzubringen recht gut wäre. Ich denke zum Beispiel an Hessen, wo es unter der Landbevölkerung Wucherer gibt...‹*«

An diesem Punkt nimmt die Diskussion, angeheizt von Minister von Bülow, eine bittere Wende. Doch Herzl scheut sich nicht, die Herausforderung anzunehmen, und ergeht sich in einer heftigen Attacke gegen den Antisemitismus. Aber er erkennt sogleich den Fehler dieses »Ausrutschers« und lenkt das Gespräch sehr geschickt auf Frankreich und die Affäre Dreyfus, was den Kaiser vor einem verblüfften Herzl und einem nicht minder verlegenen von Bülow sogleich zu einem höchst erstaunlichen Wortschwall herausfordert:

»*›Was sind das für Leute‹, rief der Kaiser. ›Halten die mich wirklich für einen so verrückten Kerl, dass ich solche Briefe an den Erstbesten schriebe? Hanotaux hat 27 000 francs auf den Tisch des Hauses für diese Falsificate niedergelegt. Man hat sie ihm angeboten, und er, der Richelieu, der große Staatsmann, hat sie* *für echt gehalten – oder gethan, als ob er sie für echt hielte. Die Sache kam durch die Prinzessin Mathilde auf. In ihrem Salon sagte Hanotaux vor versammeltem Kriegsvolk, dass er Briefe von mir in Händen habe. Die sah natürlich sofort ein, dass es etwas Unmögliches war, u. hat es ihm zu verstehen gegeben... Seit Jahr und Tag werden im französischen Generalstab die geheimen Fonds gestohlen. So hat man auch dem Capitän Dreyfus 20000 francs angeboten. Er hat sie nicht nehmen wollen und gesagt: Ich brauche die 20000 francs nicht. Was soll ich mit den 20000 francs? Dafür mussten sie ihn beseitigen. Und darum wurden Esterhazy u. Du Paty de Clam gehalten. Immer mehr Offiziere, die Geld genommen haben, sind in die Geschichte verwickelt worden, und jetzt schützen sie sich gegenseitig... Ich frage mich oft, was aus diesem Land werden wird.‹«*

Herzl vernimmt damit aus dem Mund des Kaisers die Unschuld Dreyfus'! Dies hindert ihn aber nicht, sofort wieder zur Sache zu kommen:

»... darum kann Frankreich keinen Einspruch gegen unsere Sache erheben. Für Russland sei es auch eine Lösung... Ich ging dann weiter, breitete unter seinem Kopfnicken den ganzen Plan aus... Er hörte mir prachtvoll zu, manchmal mit sichtlicher Spannung... Ich sagte endlich: ... die Sache kommt mir als eine ganz natürliche vor! Er sah mich mächtig an: ›Mir auch!... Es wird doch wohl einen Eindruck machen, wenn der deutsche Kaiser sich darum kümmert, Interesse dafür zeigt.‹
(Da hatte ich das Märchenwaldgefühl der Begegnung mit dem fabelhaften Einhorn, das mit menschlicher Stimme sagt: Ich bin das fabelhafte Einhorn.)
Er erhob sich: ›Sagen Sie mir nur mit einem Wort, was ich denn vom Sultan verlangen soll.‹
– ›Eine chartered Company (eine mit Schutzbrief ausgestattete Gesellschaft) – unter deutschem Schutz.‹
– ›Gut, eine Chartered Company!‹«.

Als Herzl in Jaffa an Land geht, trifft auch der Kaiser ein, begrüßt mit Salven von Ehrenschüssen. Der gute Hechler lässt dagegen überall verlauten, diese lärmigen Ehrenbezeugungen gälten in »prophetischer Wirklichkeit« viel mehr dem tapferen Zionistenführer, der zum ersten Mal im Leben seinen Fuß auf den Boden des verheißenen Landes setzt. Hoffen wir, diese Bemerkungen seien nicht zu Ohren des Kaisers gekommen...!, dieser hätte ihren mystischen Inhalt nicht zu werten vermocht...

Herzl seinerseits ist bedrückt von der Lage der jüdischen Siedler, die alle unter Malaria leiden und trotz der gewaltigen finanziellen Unterstützung von Edmond de Rothschild ziemlich demoralisiert sind.

Am 28. Oktober trifft Herzl vor dem Eingang der Landwirtschaftsschule von Mikweh-Israel (erste Gründung des Israelitischen Weltbundes vom Jahre 1870) zum zweiten Mal auf den Kaiser, der sich auf dem Weg nach Jerusalem befindet. Es werden einige Überlegungen ausgetauscht. Der Kaiser betont mehrmals: »Das Land hat eine Zukunft, eine große Zukunft – aber Wasser braucht es, viel Wasser...« Alle Zuschauer, insbesondere die Inspektoren Rothschilds, die Herzl und sein Gefolge mit wenig Wohlwollen betrachten, sind vor Verblüffung verwirrt...

*

In Jerusalem erklärt Herzl zwei Tage später seinem Freund, dem Pastor:

»... wenn ich hier bei der nächsten Vacanz des Jerusalemer englischen Bistums was dreinzureden habe, müssen Sie Bischof von Jerusalem werden.«

Und zur erstaunten Reaktion Hechlers: *»Richtig, Bischof von Jerusalem!«*

*

Herzl wünscht indessen vom Kaiser eine verbindliche Zusage, und unser zionistischer Pastor wird einmal mehr auf Mission geschickt zu von Eulenburg, von Bülow und andern. Langes Warten unter brennend heißen Zelten, Hänseleien und Spott seitens der Ordonnanz-Offiziere, eingebildetes Lächeln beim kaiserlichen Gefolge ...»Da ist ja der ehrwürdige, ein bisschen übergeschnappte Pastor... mit seinen verrückten jüdischen Ideen!« Schließlich, am 2. November 1898 (auf den Tag genau 19 Jahre vor der berühmten Balfour-Deklaration), empfängt Wilhelm II. ein letztes Mal eine von Herzl geführte Delegation. Der Kaiser gibt sich diesmal ausgesprochen ausweichend und erklärt Herzl, der ihm ein neues Memorandum überreicht: *»Ich danke Ihnen für Ihre Mitteilungen, die mich sehr interessiert haben. Die Sache bedarf jedenfalls noch eines eingehenden Studiums und weiterer Aussprachen«.*
Sie werden sich nicht mehr begegnen, und dieser höfliche und banale Ausspruch bedeutet gleichzeitig das Aus für das kaiserliche Interesse an der zionistischen Sache. Herzl wird später erfahren, dass der Kaiser unangenehm überrascht war von der Anwesenheit orthodoxer Juden in Jerusalem, die ausschließlich von Gaben und der Unterstützung jüdischer Gemeinden im Ausland lebten. Andererseits hat er es natürlich unterlassen, die ersten Werke jüdischer Besiedlung zu besichtigen – er konnte sich somit auch kein Bild machen vom heldenhaften Kampf, der gegen Sumpf, Fels und Malaria geführt wurde. Schließlich wird Wilhelm II. anhand der »Ermittlungen« von Bülows bewusst, wie heftig der türkische Widerstand gegen ein jüdisches Eindringen und insbesondere gegen die politisch motivierte Bewegung Herzls ist. Wer weiß, diese Zionisten könnten die eigenen Pläne deutscher Durchdringung und Einflussnahme gefährden. Dieses Argument von Bülows genügt aller Wahrscheinlichkeit nach, die schönen Träume Herzls und Hechlers zunichte zu machen.

*

Die Zeit der kaiserlichen Audienzen ist zu Ende. Hechler, zufrieden wie ein zionistischer Fisch im Jordan, reitet in der Gluthitze des Tieflandes von Judäa in Richtung Berg Nebo, vom dem er seit so vielen Jahren träumt. Manchmal ist es wie eine Fata Morgana – es scheint ihm, er sehe in der Ferne die Bundeslade glitzern und die Schrifttafeln Moses sich am Himmel spiegeln, dort wo sie hergekommen sind. In dieser Umgebung scheint es auch, als wäre es gestern gewesen. Der Pastor-Archäologe muss sich sehr bald eingestehen, vertiefte Nachforschungen würden Monate dauern, abgesehen von den bedeutenden finanziellen Investitionen.
Zurück in Jerusalem, pilgert er von Pastor zu Pastor und von Missionar zu Missionar mit Aussagen, die kaum geschätzt werden:

»Verstehe, lieber Kollege, dass Ihnen die Bekehrung der Juden sehr am Herzen liegt. Doch wie schnell ändern sich die Zeiten. Heute ist wichtig, voraus und vor allem nach oben zu blicken. Dank dieser zionistischen Bewegung treten wir nun in die messianischen Zeiten ein. Es geht heute weniger darum, den Juden die Tür zu Euren verschiedenen Kirchen aufzuschließen, als darum, ihnen das Tor zu ihrer israelischen Heimat aufzumachen und sie in ihren Bemühungen zu Gesundung, Bewässerung und Aufforstung des Landes zu unterstützen. All das, lieber Kollege, ist messianische Verheißung und kündet den kräftigen Hauch des Heiligen Geistes an, doch müssen erst die vertrockneten Knochen zu neuem Leben erwachen und sich zusammenfügen...«

Die lieben Kollegen sind wenig überzeugt, trotz des Respektes, den er ihnen abverlangt – dieser eigenartige Pastor mit vagem diplomatischen Anstrich, auf freundschaftlichem Fuß mit den europäischen Prinzen und mit Zugang zum Kaiser. Das muss es wohl sein, was ihm den Kopf verdreht hat; seine Argumente riechen von weitem nach »judäischer Versuchung«, und wer weiß, was ihm dieser Herzl alles versprochen hat? Könnte nicht gar ein Einfluss Rothschilds dahinter stecken? Dieses

Gemisch von »jüdischer« Theologie und Politik flößt wahrlich kein Vertrauen ein. So urteilen die Missionare Palästinas ... und viele Jünger werden ihnen folgen bis auf unsere Tage ...

*

Von dieser Wallfahrt besitzen wir das schönste Lichtbild von Hechler: Gekleidet wie ein biblischer Scheich, verkörpert er unwiderstehlich den Patriarchen. Man erahnt den Menschen, der weiß, wohin er geht; doch in seinem Blick verbirgt sich ein Hauch von Melancholie; Hauch auch jenes Führers an den Hängen des Berges Nebo, dem Herzen im fernen und doch nahen Zion, an der Schwelle des verheißenen und für ihn unerreichbaren Landes: Mose.

Da liegt es vor ihm, dieses einst so fruchtbare Land, und nur im Geist kann er sich vorstellen, was jener dazumal gesehen hat und wie es ihm zumute war. Verschwunden die wundervollen Wälder von Gilead, von Baschan und dem Libanon, verschwunden die großartigen Oasen des Jordantals; die Hügel sind verödet, die Täler malariaverseucht. Er weiß, all dies wird wieder zum Leben erwachen, und seine Stirn ist heiter. Die prophetischen Ereignisse sind entfesselt, und keine Kraft der Erde wird sie aufhalten können – der ungekrönte jüdische Fürst, sicher aus dem Geschlechte Davids stammend, verbürgt sich dafür allein durch seine Anwesenheit.

*

Noch verbotene Heimat: Ende des Jahres 1898 schließen sich die Türen, in Berlin und in Konstantinopel. Dafür erheben sich zahlreiche Stimmen von »Freunden«, die einem entmutigten Herzl zurufen: »Wir haben dir immer gesagt: Deine Pläne sind auf Sand gebaut – auf dem von Wüstenwinden zusammengetragenen Sand Palästinas. Und auch dein christlicher Prophet wird dich vor dem Versinken nicht retten können. Komm, sei vernünftig! Höre auf die schmerzliche Stimme deiner Frau, denke an die Zukunft deiner Kinder, an deine Berufung als Schriftsteller, Theatermann – dort liegt dein wahrer Ruhm, Herzl!« Zuunterst im Wellental schreibt Herzl:

»*Die Reichen und Großen Israels laden wirklich eine schwere Verantwortung auf sich, wenn sie mich verlassen... Sie verbrauchen mich in unfruchtbaren Anstrengungen. Ich könnte sterben, ohne das Fundament des Werkes gelegt zu haben, und der Zweck wäre damit verloren...*«

Nein! wiederholt Hechler bei seinen Besuchen, seinen schlichten und naiven Mitteilungen, seinen treuen Gebeten, seiner zionistischen Hymne, die, wenn sich sein Herz allzu sehr zusammenschnürt, zum Klang eines Totenmarsches wird.

*

Während einiger Monate versuchen die zwei Männer, das Interesse Kaiser Wilhelms II. wieder aufzufrischen – ihre Bemühungen zerbrechen an dem scheinheiligen, sanften Lächeln eines von Bülow und anderer. Hier kommen nun zwei gleichlaufende und von den beiden Freunden abgesprochene Ereignisse ins Spiel, die einen gewissen Schatten auf das heldenhafte Bild des entstehenden Zionismus werfen. Wir nennen diese doppelte Maßnahme im Rahmen der Freundschaft Herzls und Hechlers »nationalistischer Zwischenfall«.
Am 6. Januar 1899 lässt Herzl in seiner Wochenzeitung »Die Welt« einen Leitartikel unter dem Namen »Frankreich in Konstantinopel« erscheinen. Er schreibt ihn aus Anlass der Ernennung des neuen französischen Botschafters Constans beim Sultan. Einige Tage später lässt Herzl mehrere Exemplare Friedrich von Baden zukommen, begleitet von einem kurzen Brief, in welchem der Visionär erklärt:

»*... glaube ich sagen zu dürfen, dass die Ernennung des Herrn Constans zum Botschafter in Konstantinopel eine directe Antwort* *auf die Orientreise Seiner Majestät des Kaisers ist und nur den Sinn haben kann, den deutschen Einfluss in der Türkei zu untergraben ... Constans wird binnen kurzem der Mittelpunkt aller gegen den deutschen Einfluss in Constantinopel gerichteten Bestrebungen sein.«*

Am 2. März selbigen Jahres schreibt Hechler seinerseits an Friedrich einen bedeutungsvollen Brief. Hier die wichtigsten Auszüge:

»*Dr. Herzl teilt mir mit, dass, gemäß kürzlicher Auskünfte, die französische Regierung die Zionisten Frankreichs mobilisiert, um seine Anwesenheit in Palästina wiederherzustellen. Dieses Ziel scheint seit der Rückkehr des Kaisers angestrebt zu werden ... Die französischen Zionisten haben Dr. Herzl indes wissen lassen, dass sie sich an seine Seite stellen würden, wenn er auf der politischen Ebene Erfolg haben sollte. Doch lässt dieser Erfolg in ihren Augen zu lange auf sich warten, und deshalb schlagen sie einen andern Weg ein. Dr. Herzl bedauert dies lebhaft, denn er ist von ganzem Herzen einer deutschen oder englischen Lösung zugetan. In Konstantinopel sind jüdisch-französische Organisationen zur Kolonisation am Werk ... Sie haben mit dem massiven Kauf von Land begonnen, ohne jegliche juristische Garantien, anstatt sich vorgängig der Zustimmung und Unterstützung einer Großmacht zu versichern, wie es sich Dr. Herzl wünscht. Diese Gruppe, die sich »Geliebte von Zion« nennt, wird offen von der »Alliance Israélite Universelle« mit Sitz in Paris unterstützt ... Die französischen Zionisten haben Dr. Herzl offen die Frage gestellt: Was haben Sie mit dem Kaiser in Jerusalem angezettelt? Es scheint mir, dass sich der französische Einfluss in diesem Bereich als sehr gefährlich erweisen könnte, denn nach meiner gut fundierten Meinung muss sich der Zionismus unter den Schutz einer der protestantischen Mächte, Deutschland oder England, stellen, wie es auch dem Wunsch des Preußenkönigs Friedrich-Wilhelms IV. entsprochen hätte.*«

*

In unseren Tagen erheben sich Stimmen, die behaupten, William Hechler habe während der ganzen Zeit seiner Freundschaft mit Herzl im Dienst deutscher und englischer Interessen gestanden; einige gehen gar so weit, von »Geheimagent« des Intelligence Service zu sprechen! Das Pastorenamt in Wien sei nur ein frommer und bequemer Schutzschirm gewesen.
Wenn man sich mit dem Mann befasst, seinen Schriften, seiner Art zu sein und sich auszudrücken, und wenn man seine Leidenschaft für alles erkannt hat was im Zusammenhang steht mit Israel und seinem verheißenen Land, kann man über solche Behauptungen nur staunend lächeln. Gewiss, Hechler war Geheimagent einer genau abgesteckten Politik: jener Gottes, der die Geschichte seines Volkes zum zionistischen und vormessianischen Abschluss bringen will. Agent der »Politik des Königreichs auf Erden wie im Himmel« – das ist er von ganzem Herzen, vierundzwanzig Stunden am Tag und unentgeltlich!
Er ist nicht nur Pastor der anglikanischen Kirche, sondern vor allem der historische Endpunkt einer ganzen Nachkommenschaft protestantischer Theologen, hauptsächlich englischer Herkunft, die alle den Wunsch hatten, London möge dem auserwählten Volk Jerusalem zurückgeben. Dazu braucht man wahrlich nicht Geheimagent zu sein, im Gegenteil. Ein Geheimagent wird sich kaum mit einer Theologie belasten, die auf den Schriften der hebräischen Propheten fußt.

Ein Schlüsselwort in diesem Brief an Friedrich von Baden: »Protestantische Macht.« Die Historiker haben oft die Tendenz, religiöse Gegebenheiten gewisser historischer Phänomene zu unterschätzen, ja gar zu verkennen. Die Religionskriege sind noch gar nicht so ferne; sie leben noch immer im Bewusstsein vieler Christen. In gewissen Regionen hört man manchmal »Es war gestern« und fügt bei: »Morgen könnte es wieder beginnen... .« Sind gewisse Regime wirklich so fern der Macht-Missbräuche der Inquisition? Wie viele sind nicht kürzlich erst den Zeiten Hechlers entflohen? Fast ganz Europa! Frankreich scheint in seiner Seele schwer getroffen –

die Dreyfus-Affäre feiert Urstände –, und Deutschland nimmt zu an Stärke, an Ehrgeiz vieler Art.

Hechler verspürt nicht mehr Sympathie für das Frankreich von gestern, jenes der radikalen Könige, Verfolger der Hugenotten, als für jenes von heute, das, mitten auf der Straße und nur einige Schritte von der Sainte Chapelle und von Notre-Dame entfernt, »Tod den Juden!« schreit. Gewiss, auch in Wien ist die Situation höchst alarmierend, aber Wien ist nicht Berlin, die andere Hauptstadt, wo der Antisemitismus nicht von Armee und Geistlichkeit offen unterstützt wird...
Schließlich: Das Blut seines deutschen Vaters fließt in den Adern des Pastors und Visionärs, und ein deutscher Prinz, der edelste von allen, hat den ungekrönten jüdischen Fürsten unter seine Fittiche genommen. Doch sind es in den Augen Hechlers nicht eigentlich der impulsive Wilhelm II. noch Friedrich Wilhelm der Fromme, die das Deutschland seiner Zeit verkörpern. Wie hat er sich hier doch geirrt!

Die Gefühle Herzls – Theologie ausgeklammert – entspringen einer ähnlichen Erfahrung.
In Budapest geboren, ist er Untertan eines deutschen Kaisers, dessen Regiment ohne Zweifel zum Liberalismus neigt. Sein Tagebuch wie auch seine Werke zeigen einen aufgeschlossenen Großbürger. Er träumt von der Errichtung eines klar aristokratischen Regimes in Israel, aufgebaut auf menschlicher Würde für jedermann. Die Wohltaten von Beschlüssen der Volksmehrheit lassen ihn kalt: Er hat in Paris das parlamentarische Regime zu genau studiert, um ein Anhänger davon zu werden; er hat als Zeuge der Leiden seines Volkes ebenso darunter gelitten wie ehedem der erste Mose beim ersten Exodus. Wenn er auch nicht wie dieser den »Ägypter getötet« hat, so hat er doch miterlebt, wie sein jüdischer Bruder in der Person eines französischen Generalstabs-Majors verhunzt und beschmutzt worden ist. Alfred Dreyfus war zweifelsohne der Funke, der das zionistische Feuer Herzls entfacht hatte, ein

Feuer, das immer in ihm brennen wird, genährt durch immer denselben Skandal, geschürt durch die Pogrome. Trotzdem liebt er dieses Frankreich innig, ohne es indes idealisieren zu können; auch wird er immer die Sehnsucht nähren nach einem bestimmten Ideal Frankreichs. Schließlich verstehen ihn die zionistischen Kreise Frankreichs noch weniger als jene Englands; sie misstrauen ihm, und manchmal verraten sie ihn gar. Der grundedle Dr. Nordau ist die klassische Ausnahme, die die Regel bestätigt.

Die Rothschilds gehen in Opposition zu ihm und unterminieren sein Werk bis in die Kreise des Vatikans hinein. So »gute Seelen« wie Bernard-Lazard verurteilen seine finanziellen Pläne, als ob die Wiederbelebung einer Wüste ohne Banken und ohne Kredite zu bewerkstelligen wäre! Die Rabbiner ihrerseits reagieren fast alle analog jener von München und Wien, d.h. ablehnend – es lässt sich ja so schön leben im modernen Babylon ...!

Fassen wir zusammen: Für Hechler ruft Frankreich ein doppeltes Spektrum hervor: Hugenottenverfolgung und antiklerikale Leidenschaft; in Herzls Ohren andererseits widerhallt der Schrei »Tod den Juden«. Verkörpert Frankreich nicht jenes süße Exilland, wo man versumpft, wo man sich vergisst?

Man darf von den zwei Männern nicht zu viel verlangen. Wie könnte man fordern, dass sie ihre patriotischen Bindungen und die natürlichen Verwandtschaften vergäßen?

Der Fürst und sein Prophet waren sehr wohl in der Lage zu wissen, dass der Zionismus ein weltweiter Aufruf an alle Kinder Israels ist, wo immer sie sich befinden mögen. Doch sie vergessen es, genau im Moment ihres einmaligen Abenteuers. Gegenüber dem kranken türkischen Reich empfand jede Großmacht seine Berufung als Doktor oder Krankenschwester... Gewiss hatte auch Frankreich einige berechtigte Ansprüche auf das Heilige Land anzumelden, Ansprüche, die auf Zeiten zurückgingen, als Preußen selber noch im Sumpf steckte.

In Judäa, Galiläa und Samarien war reichlich französisches

Blut geflossen; gewiss, selten aus noblen Beweggründen, aber es war immerhin geflossen, und der Schatten des Heiligen Ludwig bewegte die Gemüter mehr als jener des Königs David... Andererseits haben die Kreuzzüge die Kinder der Reformation nie sonderlich bewegt und die Kinder Israels schon gar nicht!

*

Die beiden Freunde konnten sich im tiefsten Wellental ihrer Entmutigung an keinerlei Hilfe oder Unterstützung mehr freuen, die – über alle Interessen von »nationaler Größe« und religiösem Prestige – den korrupten Sultan noch hätte zum Einlenken veranlassen können. Die feindselige Stellungnahme seit Beginn der zionistischen Bewegung von Seiten des Vatikans war auch nicht dazu angetan, William Hechler auch nur einen Moment seine Bindungen und Gefühle zur Reformation vergessen zu lassen. Doch lassen wir ihm gegenüber Gerechtigkeit walten: Niemals hat er seine Verbindungen zu gekrönten Häuptern oder protestantischen Bischöfen für irgendein persönliches Interesse spielen lassen; er war ein Theologe ohne persönlichen Ehrgeiz, ohne geistlichen Hochmut, voll und ganz im Dienst seines Meisters und Freundes Herzl! Wir haben gesehen, wie er sich selber bloßgestellt, der Lächerlichmachung der Gescheiten und Reichen getrotzt hat und den Vorhaltungen seiner Londoner Vorgesetzten freimütig entgegengetreten ist – nur damit Jerusalem schnellstmöglich dem Volk Davids und Jesu Christi zurückgegeben werden kann.

Er hat in guter Treue und von ganzem Herzen an die protestantische Mission des biblischen Abenteuers Zionismus geglaubt. Schließlich sei uns erlaubt die Frage zu stellen: Wie viele katholische Prinzen, Kardinäle und Staatsmänner Europas haben die Berufung Herzls verstanden und ihm Unterstützung angeboten? Wie viele von der Großherzigkeit ei-

nes Friedrich von Baden haben sich demütig vor dem hebräischen Propheten geneigt, wie viele Kirchenprälaten für die jüdischen Freunde gebetet? Und wie manche Politiker, die in guter biblischer Wissenschaft erzogen worden sind? Wie viele im sehr römischen und sehr christlichen Österreich, in Frankreich, Italien und Spanien? Und was die damalige orthodoxe Welt und Kirche anbetrifft, die die Gebote Christi von Gerechtigkeit und Brüderlichkeit vertreten sollten? – Lieber nicht daran denken!
Die Vorsehung schien tatsächlich Berlin und London zu erwählen. Gewiss sagt ein geflügeltes Wort »Glücklich wie Gott in Frankreich«, doch wie hätte ein solch leichtfertiger Spruch unseren puritanischen Kaplan im Dienst einer viktorianischen Botschaft zu berühren vermögen?

*

Vermerk im Tagebuch Herzls vom 16. August:

»*Mein Testament an das jüdische Volk: Macht Euren Staat so, dass sich die Fremden darin glücklich fühlen!*«

*

Sobald die zwei Freunde begreifen, dass über Berlin keine Hoffnung mehr besteht, wenden sie sich anderen gekrönten Häuptern zu: Zar und Sultan. Der Erste wird nie eine Audienz gewähren; er ist nicht von denen, die die Juden verehren, sondern von denen, die sie verfolgen. Der Zweite – Herrscher über das Heilige Land – wird Herzl empfangen! Die Propheten stehen ihm nicht im Wege, ist er doch mit einem von ihnen entfernt verwandt!
Doch vorerst zum Zaren: Hechler kennt den Großherzog von Hessen, Bruder der Zarin. Herzl bittet deshalb seinen Freund, sich nach Marienbad zu begeben, was dieser eilends tut. Am 12. August erhält er eine Audienz. Der Prinz verspricht, die

Pläne Herzls seinem Schwager, dem Zaren, vorzutragen, von dem er annimmt »fähig zu sein, sich für Dinge dieser Art« zu interessieren – ein Versprechen, das er wahrscheinlich nie eingehalten hat.

In der Zwischenzeit versammelt sich in Basel der dritte Kongress; Herzl kämpft und reibt sich auf, um sein Budget durchzubringen. Vermerk im Tagebuch vom 24. August:

»›*J'ai connu la grande blessure de l'argent*‹, *sagt Henry Becque (Ich habe die große Verwundung durch das Geld gekannt). Auch ich kenne sie! Mein Werk würde viel wunderbarer erscheinen, wenn man wüsste, mit welchen Geldsorgen ich infolge meiner Aufwendungen für den Zionismus zu kämpfen habe ... Ich muss vor der Entlassung durch die ›Neue Freie Presse‹ zittern, kann nicht wagen, mir Gesundheitsurlaub zu nehmen ... So komme ich wieder einmal in die Redaktion zurück, nachdem ich in Basel ein freier u. großer Herr war!*«

In Marienbad hält sich ein anderer Kopf auf, noch nicht gekrönt, aber von Gewicht: der Prince of Wales. Einmal mehr wird Hechler auf die Reise geschickt; er kommt am 3. September unverrichteter Dinge zurück. Hier die Schlüsse Herzls:

»*Der Prinz von Wales hat ihn offenbar als vieux raseur (alter langweiliger Schwätzer) gewittert, und da Seiner Königlichen Hoheit die Photographien junger Israelitinnen lieber sind als die alten jüdischen Mauern, wurde Hechler vom Adjutanten gar nicht vorgelassen!*«

Um auf den Zaren zurückzukommen, muss im Interesse dieser Schrift – und bevor er zurückkehrt zu seinen Pogromen und zu seinem Rasputin – festgehalten werden, dass er von Friedrich von Baden kurz vor Weihnachten, am 8. Dezember 1899, einen Brief folgenden Inhalts bekommen hat. Dieser Brief ist in einem Friedrich eigenen malerischen Stil in Französisch abgefasst und hier möglichst wortgetreu übersetzt:

»*Sire!*

Ihre Kaiserliche Majestät möchte sich daran erinnern, dass ich Ihr eine Person in Wien erwähnt habe, die sich erlauben möchte, einen Bericht bekannt zu machen über eine Gesellschaft mit Namen ›Die Zionisten‹, eine internationale Gesellschaft, die die jüdische Kolonisation beabsichtigt. Dieser Mann, ein gewisser Dr. Herzl, wohnhaft in Wien, hat inzwischen ein Dokument erarbeitet, das ich ihn ermutigt habe mir zuzustellen, um es Ihrer Majestät vorlegen zu können. Ich dachte mir, es sei die beste Art, das Dokument durch meine Vermittlung weiterzuleiten, um Ihre Majestät mit den Ideen dieser Person bekannt zu machen. Ich hoffe so auf günstige Aufnahme durch Ihre Majestät und Ihr die Möglichkeit zu verschaffen, mit einer Unternehmung bekannt zu werden, die wichtig werden kann, unter anderem im Zusammenhang mit sozialen und politischen Interessen der europäischen Länder, wo die jüdische Bevölkerung einen gewissen wirtschaftlichen Einfluss in den ländlichen und bäuerlichen Gemeinden hat und auf die Armen, sozialistisch Beeinflussten...«

Herzl hatte seinerseits mehrmals versucht, über seinen Freund Hechler bei unserem guten Erzherzog Einfluss auszuüben; nach langem Zögern ließ dieser sich dazu bewegen, Stellung zu beziehen. Wenn man versucht, den Sinn dieses Briefes aus seiner sehr diplomatisch-höflichen Umhüllung herauszuschälen, ergibt sich in etwa Folgendes: »Mein lieber Nicolas! Wenn du dich auf billige Art und Weise deiner anarchistischen und revolutionären Juden entledigen willst – ohne von den Pogromisierten zu reden –, sorge dafür, dass der Sultan ein Stück von Palästina verkauft. Höre es, wer wolle, Grüße!

Und wer weiß? Wenn dieser Dummkopf von Zar diese Anregungen befolgt hätte, wären ihm viele sehr unangenehme Ereignisse erspart geblieben. Aber dieser Nicolas hatte wirklich keinen Schimmer von Erleuchtung, um die Zeichen der Zeit zu erkennen. So antwortete er am 25. Dezember – das Datum sei festgehalten – in einem sehr guten Französisch:

»*Monsieur Mon Frère et Cousin!*
Ich habe mit sehr lebhaftem Interesse von der Denkschrift Hr. Herzls Kenntnis genommen, die Ihrem Brief beigelegt war, und ich möchte Ihrer Königlichen Hoheit für diese freundliche Mitteilung danken. Die Theorie des Zionismus könnte gewiss ein wichtiger Faktor sein im Zusammenhang mit der Entwicklung der inneren Ruhe in Europa; was mich anbetrifft, zweifle ich, dass eine einigermaßen praktische Anwendung dieser Theorie möglich sein wird, sogar in einer fernen Zukunft.
Ich bin, mein Herr Bruder
Ihrer königlichen Hoheit
der gute Bruder und Neffe. Nicolas«

Wirklich talentvoll, der Neffe Nicolas, und ganz und gar im Trend der Geschichte – sogar weit voraus in die Zukunft! ...

*

Seit 1896 sucht Herzl auf indirektem Weg über diesen oder jenen Monarchen Europas den Kontakt zum Sultan. Es wird ihm bewusst, wie übrigens auch Hechler, dass es vonnöten ist, direkt an der Großen Pforte anzuklopfen – umso mehr als der schläfrige und allmächtige Monarch, in dessen Händen sein Schicksal liegt, wahrscheinlich schon vom Zionismus und seinem Führer gehört hat. Aber wie soll man vorgehen? Der Agent Nevlinski ist tot; Herzl hat erfahren müssen, dass er ein Doppelagent war und beauftragt, den Zionismus von innen her zu bespitzeln; Schritte zugunsten Herzls hatte er überhaupt nie unternommen!
Einmal mehr ist Hechler die gute Fee. Er kennt den Mann, der tatsächlich – es dauert allerdings ein ganzes Jahr – die zweite Audienz beim Sultan erwirken kann.
Wir erinnern uns: Hechler wurde kurz nach seiner Ernennung in Wien mit Vorlesungen an der Universität dieser Stadt beauftragt. Von Zeit zu Zeit hält er auch Vorlesungen in Budapest, und dort begegnet er einem Titularprofessor, einem noch viel wunderlicheren Menschen als er selber, Haim Vambéry. Dieser

Mann verdient eine kurze biographische Anmerkung: Geboren 1832 von strenggläubigen Juden, stürzt er sich, kaum 22jährig, in die Entdeckung der ottomanischen Welt, wird Sekretär von Fouad-Pascha und konvertiert zum Islam. 1861 finanziert die ungarische Akademie der Wissenschaften eine Expedition nach Zentralasien, wo die Wiege der ungarischen Nation vermutet wird. Als Derwisch verkleidet durchkreuzt er zu Fuß diese unbekannte Welt und erlernt alle Sprachen dieser Region! Drei Jahre später kommt er nach Budapest zurück, tritt nun zum Protestantismus über und wird bald berühmt durch sein außergewöhnliches Wissen. Professor für orientalische Sprachen in Budapest, ist er zugleich hochbezahlter Agent Disraelis und des Sultans. Bald wird er auch Vertrauter des Letzteren und erhält den Posten eines Erziehers der Lieblingsprinzessin Fatima.

Man sieht, ein Mann vom Format Hechlers; dieser hat keine großen Schwierigkeiten, Vambéry für die Sache Zions zu gewinnen, indem er geschickt die jüdische Herkunft des genialen Vambéry ins Spiel bringt. Herzl trifft ihn mehrmals im Juni des Jahres 1900 und schreibt ihm auch zahlreiche Briefe in einem Ton kindlicher Vertrautheit. Noch ferne dem Punkt jener sultanischen Audienz, wollen wir jedoch den Faden der Ereignisse wieder aufnehmen.

Anfang September 1899 vernimmt Hechler durch eine seiner Freundinnen, eine englische Gräfin, die er für die zionistische Sache gewonnen hatte, dass Lord Salisbury auf die Frage »Warum interessieren Sie sich nicht für den Zionismus?« geantwortet haben soll: »Warten Sie, das wird noch kommen!« Hechler informiert umgehend Herzl, und die zwei Freunde, jeder für sich, trieben die Arbeiten für weitere Annäherungen voran...

*

Tagebuch Herzls vom 13. September:

»*Der Anarchist Marcou Baruch hat sich in Florenz erschossen.*

Dieser offenbar irrsinnige Mensch hatte mich vom 2ten bis zum 3ten Congress mit Drohbriefen verfolgt. Ich befürchtete ernstlich, er werde diesmal in Basel gegen mich ein Attentat versuchen. Indessen schützte mich niemand. Marcou stand, wann es ihm beliebte, vor u. hinter mir. Er konnte einen Messerstich führen, wann er wollte. Ich scheine ihn aber mit dem richtigen Bändigerblick behandelt zu haben, denn er sprach scheu u. freundlich mit mir.«

Manchmal eine belustigende Anmerkung:

»Auch sonst kommen viele Wahnsinnige zu mir. Von Messiassen aller Art werde ich heimgesucht. Das Neueste ist ein »Jesus Christus« namens Lichtneckert, der mir in einem sonst intelligenten Brief schreibt, ich sei der Elias, sein Elias, und ich solle ihm 5000 Fl. zur Herausgabe eines die Welt erlösenden Werkes geben. Ich lieferte den Brief meinem lieben Hechler aus, der ihn suchen und beschwichtigen wird. Bei dieser Gelegenheit erzählte mir Hechler folgende Geschichte: Als ich in Stockholm war, tauchte in der Umgegend so ein falscher Jesus Christus auf. Er suchte sich wieder seine zwölf Apostel zusammen. Als aber der Karfreitag herankam, sah er, wie die Apostel Hölzer zusammenbanden. Er fragte sie, was das sein solle. Sie sagten: Wir werden dich jetzt wieder kreuzigen. – Das war ihm aber doch zuviel, und er verschwand aus der Gegend.«

Am 18. April 1900 trifft Herzl wiederum mit Friedrich von Baden zusammen, nachdem er mit Hechler die Unterredung sehr seriös vorbereitet hat. Es soll ein Versuch werden, den Großherzog für die gemeinsam laufende Aktion Berlin-London zu interessieren. Herzl ist ehrlich berührt von der Offenheit seines Gesprächspartners, der ihm ein umfassendes Bild der deutschen Machtbestrebungen in Europa zeichnet. Vermerken wir die Bemerkung Herzls beim Verlassen des Hofes von Karlsruhe:

»*Steif erwiderte der General Müller im Vorzimmer meine gemessene Verbeugung, und eine Gruppe jüngerer Offiziere in Gala, die so lange hatten warten müssen, blickten mit etwas Staunen u. Respect auf den fremden Juden, der so lange beim Landesvater gewesen war. Ich durchschritt die Gruppe ohne Gruß, weil ich ihre Art kenne u. nicht Gelegenheit geben wollte, meinen Gruß als jüdische Unterwürfigkeit auffassen zu lassen.*«

Vom 1. Mai datiert folgende Fußnote – enttäuscht und einmal mehr Ausdruck eines moralischen Tiefs:

»*Ich weiß jetzt eine gute Grabschrift für mich: ›Er hatte eine zu gute Meinung von den Juden.‹*«

Im August versammelt sich der vierte zionistische Kongress, diesmal in London. Hechler wohnt ihm bei, nachdem er alle persönlichen Kontaktpersonen in der Stadt aufgeboten und alle Möglichkeiten der Fürsprache für die Bewegung und ihren Führer organisiert hat. Die englischen Kreise sind höchst beeindruckt, und gewisse Bankbesitzer scheinen entschlossen, Herzl demnächst folgen zu wollen. Hechler und Sir Francis Montefiore arrangieren einen gemütlichen Lunch für Herzl und den Sekretär des Premiers, einen gewissen Barrington. Man kann nie wissen!
Im Botanischen Garten wird eine großartige Garden-Party organisiert; hören wir Herzl:

»*Das ganze Publikum wälzte sich mir immer in compacter Masse nach. Ich hätte gern den feinen englischen Garten genossen, wurde aber unter königlichen Ehren erstickt. Sie sahen mir bewundernd zu, als ich eine Tasse Thee trank. Man reichte mir Kinder hin, stellte mir Damen vor, Greise wollten mir die Hand küssen. Ich habe dabei immer die Versuchung zu fragen: Entschuldigen Sie, warum machen Sie das alles?
Gestern in der Nachmittagssitzung übergab ich das Präsidium Gaster u. Nordau u. floh nach dem Kensington Garden, wo ich in*

reizender Landschaft vor einer Wasser-Perspective eine Tasse Thee in Frieden trank...«

Das Jahr 1901 beginnt für Herzl unter schlechten Vorzeichen: Es wird eine Pressekampagne gegen ihn lanciert, in welcher er angeklagt wird, sich überall seiner hervorragenden Beziehungen zu Prinzen und dem Kaiser zu rühmen. Sobald Herzl von diesen Unterschiebungen Kenntnis genommen hat, ersucht er um eine Audienz beim Botschafter in Wien, von Eulenburg, um die Sache auf den Punkt zu bringen. Notieren wir die folgende Bemerkung, in der von Hechler und seinen vielleicht etwas kühnen Vorstößen die Rede ist:

»...*Abends empfing er mich liebenswürdig wie immer... (Meine Feinde) wollen – um sich zu rächen oder um Geld zu kriegen – ein Désaveu (Widerruf) seitens der deutschen Regierung gegen mich provocieren. Nun habe ich sicherlich keinerlei Gebrauch von den Briefen u. Äußerungen von vor zwei Jahren gemacht. Es wäre mir also sehr unangenehm, desavouiert zu werden: 1. weil ja die Dinge wahr sind, 2. weil ich nichts gesagt habe. Vielmehr scheint mir der gute Mister Hechler zu gesprächig gewesen zu sein. Es ist der einzige Fehler dieses kreuzbraven Mannes.«*

Auch in Jerusalem hat Herzl seinen Freund und Pastor gebeten, sich etwas weniger geschwätzig zu verhalten, da Gerüchte umgehen, dieser Dr. Herzl arbeite im Dienst der protestantischen englischen Missionen! Gewiss, Hechler sang überall das Lob seines Freundes, doch weiß man, wie schnell solch ein Loblied zur Verleumdung werden kann, wenn es von andern »Freunden« intoniert wird...
Im Juni desselben Jahres bereitet sich Hechler Sorgen um die Gesundheit seines Freundes. Im Verlauf einer Diskussion in den Büros der ›Welt‹ erleidet dieser in der Tat ein eigenartiges Unwohlsein, das er selber als Durchblutungsstörung des Hirns bezeichnet; obwohl halb unbewusst, kontrolliert er sich selber mit klarer Sicht. Er muss einige Tage das Bett hüten.

Auch die geplante Reise nach Konstantinopel ist nicht dazu angetan, ihn aufzurichten. Vambéry ist sich bewusst geworden, dass Herzl für den Sultan ein Unbekannter ist; trotzdem hat er sein Bestes getan und beruft Herzl für den 8. Mai nach Budapest, wo er ihm eröffnet, der Sultan werde ihn empfangen, jedoch nicht vorgestellt als Zionistenführer, sondern als bedeutende Persönlichkeit der Pressewelt ...!
Hören wir Vambéry:

»*Als ich kam, empfing mich der Sultan misstrauisch: Warum kommst du? – Ich sagte, dass ich vom König von England eingeladen sei; vielleicht habe er dem etwas zu bestellen. Zweitens erachte ich es für nöthig, die öffentliche Meinung für ihn zu verbessern, darum solle er einen der angesehensten u. einflussreichsten Journalisten (mich) empfangen. Sechsmal hat er mich wiederkommen lassen, bis er es mir zugestand. Der Kerl ist total verrückt u. ein Räuber. Das Neueste ist, dass er die ganze europäische Post beschlagnahmt hat ... Vom Zionismus dürfen Sie ihm nicht sprechen!*«

Herzl schätzt diese Empfehlung und schenkt ihr entsprechend Gewicht. Zweifelsohne noch einmal eine herkulische Arbeit in Sicht ...!
Am 9. Mai besteigt er den Orient-Express, der am 13. Mai in Konstantinopel einfährt. Während vier Tagen flaniert er umher, wie es ihm beliebt, und überlegt hin und her, was er dem Sultan vorbringen will. Wenige Stunden vor diesem großen Moment wiederholt er im Bad und vor dem Spiegel seine schwierige »Nummer«:

»*Erlauben Seine Majestät, dass ich einfach, offen, ehrlich spreche?... Ich bin nicht kleiner Dienste wegen gekommen... Zeitungsartikel kosten zwischen 50 und 500 Louis (d'or). Mich kann man nicht kaufen – ich gebe mich ... Die Geschichte von Androclus und dem Löwen usw... Wieviel von dem allen werde ich placieren können?*«

ALLES! antwortet er selber in seinem Tagebuch vom 19. Mai auf der ersten Zeile seines langen Berichtes zur Abwicklung der Audienz. Auf Anhieb erklärt ihm der Sultan, er lese regelmäßig die ›Freie Presse‹ (ohne ein Wort Deutsch zu verstehen, sagt sich der verblüffte Herzl), von da höre er die gewichtigen Neuigkeiten aus China und anderswo! »Welches Glück, so feine Beziehungen zu Österreich zu haben – möge es dem Kaiser und den Seinen wohl ergehen(!). Ich bin immer ein großer Freund der Juden gewesen!« Hier legt Herzl los:

»*Als mir Professor Vambéry mittheilte, dass Seine Majestät mich empfangen wolle, da musste ich an die schöne Geschichte von Androclus u. dem Löwen denken. Seine Majestät ist der Löwe, ich bin vielleicht Androclus, u. vielleicht gibt es einen Dorn zu entfernen? Für den Dorn halte ich die Dette publique (Staatsschulden)...*«

Der Sultan wechselt Lächeln zum Seufzen. Der Interpret übersetzt: Seit seiner Machtübernahme versuchte Majestät, diesen Dorn zu entfernen, der ihm von seinen illustren Vorgängern eingepflanzt worden ist... Es scheint unmöglich, sich davon zu befreien. Sollte allerdings der Gentleman sich als irgendwelche Hilfe erweisen, wäre man sehr glücklich. Herzl bittet dann um absolute Verschwiegenheit!

»*Der Herr hob die Augen zum Himmel auf, legte die Hand auf die Brust und murmelte: Secret, secret! (Geheimnis, Geheimnis!) ... Diese Unterstützung (als Gegenleistung für meine Hilfe) aber müsse bei gelegener Zeit darin bestehen, dass er eine besonders judenfreundliche Maßregel treffe ...*
Ibrahim sog mit erstaunter Miene die Worte seines Herrn in sich auf und gab sie mit glücklicher Miene wieder: Seine Majestät habe einen Hofjuwelier, der ein Jude sei. Dem könne er etwas Judenfreundliches sagen mit dem Auftrag, es in die Blätter zu setzen. Auch habe er hier einen Oberrabbiner für seine Juden, den Chacham Baschi. Dem könne er etwas sagen.«

Herzl erschrickt und weist den letzten Vorschlag zurück. Er weiß, dass dieser Rabbiner jedes Mal ausspuckt, wenn er den Namen des Zionistenführers hört! Die ganze Unterredung von nahezu zwei Stunden dreht sich um Möglichkeiten zur Entwicklung der Industrie und des heimischen Bergbaus, und wie damit die Staatstresorerie mit Hilfe aller jüdischen Geldmagnaten (!) auf Vordermann zu bringen sei. Irgend einmal erklärt der Sultan, er würde gerne allen Juden, die es wünschen, auf seinem (!) Land Asyl gewähren. Herzl erhebt und verabschiedet sich. Er wird zum Abschluss der Audienz mit dem Großband des Mejdiye-Ordens ausgezeichnet.

*

Während mehr als einem Jahr bleibt die Verbindung zwischen Herzl und der Hohen Pforte in einem undurchsichtigen Zustand. Schließlich lässt der Sultan wissen, er sei bereit, irgendeinen Teil seines Reiches abzugeben – ausgenommen Palästina. In den Kulissen beugen sich auch Deutschland und Frankreich über den Tresor des alten Fuchses, und dieser riecht bald, dass deren Gold schwerer wiegt als jenes dieses geheimnisvollen Wiener Journalisten.
Wenige verstehen die Bemühungen Herzls, sogar bis hinein in die Vorstände der zionistischen Bewegung. Sich mit dem Sultan-Schlächter zu treffen, erscheint vielen als eine Schande, und Herzl wird von einer Welle von Protesttelegrammen verschiedenster Gruppierungen überflutet. Besonders ein Mann führt die Angriffe gegen ihn und reißt eine ganze Elite Intellektueller mit sich: Achad Ha-Am.
Am 5. Juni vernimmt Herzl in Paris von boshaften Gerüchten gegen ihn: Er wolle sich als neuer Baron Hirsh aufspielen und auf dem Rücken des jüdischen Volkes Geschäfte machen:

»*Gestern Abend wieder ein Anfall von Gehirnanämie. In einem solchen werde ich einmal bleiben. Ich befand mich auf einer Spazierfahrt im Bois, als ich im Wagen ohnmächtig wurde. Ich legte* mich zuerst auf zwei Stühle im Dickicht u. fuhr dann mit stark vermindertem Bewusstsein nach Hause ... Diese leeren Strohdreschereien ... halte ich nicht mehr aus. Da kann einen doch der Schlag treffen.«

Am nächsten Tag trifft er sich mit dem Großrabbiner Zadok Kahn:

»Er verteidigte das mauvais vouloir (das mangelhafte Wollen) der Rothschilds u. sagte in seinem komischen Elsässer Französisch: Il vaut bourdant bleindre les riges (statt: il faut pourtant plaindre les riches = man muss doch die Reichen bedauern)!«

Danach begibt er sich nach London, um die Vorbereitungen zum 5. Kongress in die Hand zu nehmen. Dort ergeben sich mehrere Begegnungen, die etwas Balsam auf sein Herz träufeln. Dank Hechler kann er sich mit einigen Bischöfen treffen:

»Hechler wohnt bei mir. Bramley Moore ist ein heißer Zionist u. wollte mich gestern zum Lunch haben ... Das bischöfliche Haus ist sehr elegant. Im Salon aber steht aufgebaut die Stiftshütte ... Er fühlt sich ergriffen, scheint es, an der Jewish Restauration (Jüdischen Wiederherstellung) mitzuarbeiten. Er ist ein lieber gut gelaunter alter Mann mit einem fröhlichen Glauben. Er schlug vor, den Herzog von Northumberland um die Vermittlung bei Carnegie anzugehen.«

Dann, in seinem Tagebuch vom 17. Juni:

»Hechler schickte ich am Samstag zum Bischof von Ripon, der ein Freund des Königs ist, um mir eine Audienz beim König zu verschaffen. Der brave Bischof Bramley-Moore meinte auch, das würde mein Prestige erhöhen. Ich würde den König bitten, seinen Großjuden zu sagen, sie könnten mir unbeschadet ihres englischen Patriotismus helfen. Hechler erzählte mir bei dieser Gelegenheit, dass, nachdem ich das erste Mal bei Bramley-Moore gewesen, die-

ser mit ihm in die nahe Irvingianer Kirche gegangen sei. Dort habe Bramley den bischöflichen Ornat angelegt und gesagt: ›Nun wollen wir zu Gott beten und ihn fragen, was unsere Pflicht ist.‹
Der gute Hechler weinte, als er mir das erzählte, und auch ich war sehr gerührt. Diese einfachen Christenherzen sind viel besser als unsere Judenpfaffen, die an ihre Hochzeitsporteln bei den reichen Juden denken ...«

Vor seiner Rückkehr auf den Kontinent trifft sich Herzl mit dem Bischof von Ripon, Dr. Boyd Carpenter, der sich spontan bereit erklärt, beim englischen König zu intervenieren. Die beiden Männer verlassen sich als Freunde. Der neue König indes ist sehr verschieden von seiner Königin-Mutter und macht sich wenig bis nichts aus dem ganzen Projekt der »jüdischen Wiederherstellung«. – Vergessen wir dabei auch nicht, dass er von den großen jüdischen Familien, den Kreisen aus Finanz und Parlament, »bearbeitet« wird. Diese haben Herzl nämlich beträchtlich in Schrecken versetzt und sind unter sich einig geworden, ihn als unrealistischen Schwärmer abzutun!

*

Das Jahr 1901 geht mit den aufreibenden Tagen des Londoner Kongresses zu Ende. Hier sind die ersten Grundlagen eines »Nationalfonds« gelegt worden, der unmittelbar mit der Erstehung des Landes Palästina wirksam werden soll. Hechler sieht darin ein weiteres wichtiges Zeichen auf dem Pfad der messianischen Erfüllung.

*

Überlegung Herzls vom 24. Januar 1902:

»*Der Zionismus war der Sabbat meines Lebens!*« (Anm.: Der 24. Januar 1902 war ein Freitag, an dem abends ja der Sabbat beginnt.)

Seit Jahren ist er ein Mann großer Einsamkeit, die für ihn immer drückender wird. Die Beifalls- und Ehrbezeugungen der Kongresse berühren ihn nicht mehr – irgendwo schreibt er: »Die Antriebsfeder ist zerbrochen!« Die Herzstörungen werden ausgeprägter und treten regelmäßig auf. Zu Hause ist seine Ehefrau einer Hysterie nahe, und auch die Kinder sind hart betroffen, dass ihr Vater, den sie leidenschaftlich lieben, sie immer wieder verlassen muss seiner Reisen wegen. Auf seiner Seite hat er tatsächlich nunmehr die Armen und die Verfolgten seines Volkes, eine kleine Hand voll Getreuer. Und sein Freund und Pastor mit seinen naiven, aber doch hilfreichen Besuchen und ermunternden Zusprachen: »Gott möge Sie bewahren..., er wird Sie nicht verlassen..., vertrauen Sie ihm, Sie werden siegen..., wir werden zusammen nach Jerusalem zurückkehren.« Herzl lächelt traurig und erwidert: »Ja, lieber William, und ich werde es gar fertig bringen, Sie zum Bischof von Jerusalem zu machen!«
Herzl spürt sein Leben, das Einzige, das er seinem Volk zu geben vermag, zerrinnen.

*

Das Jahr 1902 bringt für die zwei Freunde die einzige Uneinigkeit in ihren brüderlichen Beziehungen. Die Türen Deutschlands und der Türkei schließen sich (waren sie wirklich jemals offen?), und auch St. Petersburg erlaubt keine Hoffnung. Herzl quält sich der anhaltenden Pogrome wegen, besonders derer in Rumänien, und sucht einen Ausweg, eine andere Lösung des Problems. Was ist wichtiger: Ein Asyl zu finden, welcher Art auch immer, oder vorübergehend andere Angebote als das verheißene Land zurückzuweisen? Der Zwiespalt nagt an ihm, verbraucht ihn, wird ihn, den Fürsten und Seher, schließlich ins Grab bringen.
»Ist es nicht meine Pflicht«, fragt er sich, »beim gegenwärtigen Stand meiner diplomatischen Schritte und politischen Kontakte um jeden Preis einen Zufluchtsort zu finden? So

gewissermaßen ein Gegenstück zu Mose, zu jenen vierzig Jahren harten Wüstenlebens, fern noch der Erde der Verheißung, doch geschützt vor den ägyptischen Verfolgungen. Ist es nicht das, was Gott von mir, von uns, Freund Hechler, verlangt? Oder will er vielleicht, dass noch mehr jüdisches Blut vergossen wird, zum Vergnügen launenhafter und schwachsinniger Potentaten?«

Hechler zögert und weiß nicht recht, was er sagen soll: »Die Tore Palästinas können sich jederzeit öffnen. Sind der Kaiser, der Zar und auch der Sultan nicht auch nur Bauern des Schachspiels, das vor unseren Augen abläuft und dessen Ausgang sicher ist: der reale Judenstaat? Denn trotz all dieser Monarchen und Nationen, denen es noch nicht bewusst geworden ist, bleibt das kleine Israel doch die Hauptfigur des Dramas, das sich abspielt! Jede Geburt findet unter Schmerzen statt, und viel Schmerz liegt noch vor uns, und Sie, mein Freund, Sie stehen im Mittelpunkt dieser Schmerzen...«

Schlaflosigkeit gesellt sich zu den Beschwerden Herzls. Dann heckt er in tiefer Nacht die irrsten Pläne aus: Sich in Zypern ansiedeln? Und eines schönen Morgens die Parole ›Auf zu den Küsten des Mutterlandes!‹ Nein, kein anderes Land als das biblische; wenn nötig der Sinai...

*

Paukenschlag: Am 4. Juni erhält Herzl aus Paris die Einladung, vor der »Royal Commission for Alien Immigration« zu erscheinen.

Diese Kommission wird präsidiert vom alten Lord Rothschild und befasst sich insbesondere mit der ernsten, durch die Pogrome ausgelösten Situation. Vom 5. bis zum 7. Juni erscheint Herzl also vor diesen Herrschaften, die allesamt der zionistischen Bewegung feindlich gesinnt sind! Am 9. Juni vernimmt Herzl auf dem Weg nach London den Tod seines Vaters Jakob. Dieser Verlust trifft ihn mit aller Härte. Er zeichnet ein Bild, das seine baldige Entwurzelung anzeigt:

»Was war er mir für eine Stütze fort und fort, was für ein Rathgeber! Wie ein Baum ist er neben mir gestanden. Jetzt ist der Baum weg...«

*

Trotz allem begibt er sich nochmals nach Konstantinopel und bietet in einem schier hoffnungslosen Versuch dem alten Fuchs die Summe von 1.600.000 Pfund Sterling an, die er seinen vorsichtigen Bankiers abzuringen vermochte. Er muss unter Hinweis auf den lächerlichen Betrag eine bittere Abfuhr einstecken: »Wenn man mein Reich zerstückeln will, muss man schon bis zu meinem Tod warten!«

*

Die Tür der »Royal Commission« öffnet den Zutritt zu einer anderen – zu Joseph Chamberlain, dem Kolonialminister, der durch den protestantischen Glauben der zionistischen Sache teilweise zugeneigt ist sowie zu einigen Bischöfen und Freunden Hechlers.
»Zypern? Ja, das liegt im Kompetenzbereich meines Ministeriums, aber da sind zu viele Türken und orthodoxe Griechen, als dass sich Ihre Juden einen Platz an der Sonne schaffen könnten. Der Sinai? Da gibt es wohl einen Streifen Land, den man als fruchtbar bezeichnen könnte: den Distrikt von El-Arish. Das war doch, wenn ich nicht irre, ein Gebiet, das ehemals Ihren Vorfahren zugesprochen war – sozusagen verheißenes Land... Aber dieses Gebiet gehört in die Zuständigkeit unseres Vertreters in Kairo, Lord Cromer, denn, Dr. Herzl, Ägypten ist nicht Besitztum der Krone... wenn Lord Cromer zustimmt, bin ich bereit, die Sache zu unterstützen.«
Herzl ist zufrieden – Hechler auch: Das stimmt bestens mit dem göttlichen Willen der Geschichte Israels überein. Ein Blick auf die »messianische« Landkarte bestätigt es den beiden: Der Sinai ist zweifelsohne Teil des künftigen Königreiches.

Herzl gewinnt etwas Mut. Er trifft sich mit Lord Landsdown, dem Außenminister. Dieser empfiehlt, eine zionistische Untersuchungskommission vor Ort zu entsenden. Wenn diese bei ihrer Rückkehr einen positiven Bericht vorlegen kann, sind Widerstände nicht zu erwarten. »Keine größeren Widerstände, Herr Herzl, denn es entzieht sich Ihrer Kenntnis nicht, dass die ägyptische Regierung eine ›unabhängige Regierung‹ ist.«
Herzls Herz krampft sich zusammen: Er ist nicht so naiv, um nicht zu wissen, dass der Vertreter Seiner Britischen Majestät auch Herr und Meister in Ägypten ist – und der einzige.

*

An diesem angespannten Punkt der zionistischen Bemühungen und jetzt, wo die zionistische Expedition nach Ägypten segelt, wollen wir einen Marschhalt einlegen, um einzudringen ins Heilige Land, das Land Israel – in der Vision Herzls. Dieser hat soeben sein zweites prophetisches Schriftwerk namens ›Altneuland‹ veröffentlicht: Die Versprechungen (seines ersten Buches) sind erfüllt, Palästina ist aus seinem jahrtausendealten Schlaf erwacht, hat die Wüsten besiegt, den tödlichen Schleier von den Sümpfen gezogen; es ist wieder das Land, wo Milch und Honig fließen.
Hinter den Namen der Romanpersonen ist leicht das Umfeld Herzls zu erkennen. Insbesondere erscheint ein gutmütiger Pastor, der aber nicht Bischof von Jerusalem ist: Ehrwürden Hopkins. [1]

Diese erstaunliche Vision Herzls beschreibt dann in Folge das kooperative Leben in Israel (Kibbuzim), der freiwillige Beitrag

---

[1]) Bei unseren Nachforschungen in den zionistischen Archiven von Jerusalem haben wir mehrere Nachrichten Hechlers an Herzl gefunden, die mit »Ihr Hopkins« unterschrieben waren.

der Juden der ganzen Welt, den vorherrschenden Platz im Zitrusfrüchteanbau, die ungewöhnliche Entwicklung in der Ausbeutung der Mineralien des Toten Meeres, der Motorkräfte und der Bewässerung. Er kündet einen gewaltigen Sprung an in der Bauwirtschaft und der Architektur allgemein. Er »sieht« wissenschaftliche Forschungszentren von weltweiter Bedeutung; diese sind heute im Institut Weizmann und dem Polytechnikum in Haifa verwirklicht. Er ahnt die spezielle Militärstruktur Israels voraus, aber er mag die Gefahren an den Grenzen nicht zu erkennen, schreibt er doch: Israel ist ein Friedens- und Fortschrittselement für alle seine Nachbarn, die glücklich über seine Anwesenheit sind...!
Hier nun der packendste Abschnitt:

»Jetzt habe ich die Wiederherstellung der Juden erlebt; nun möchte ich den Weg öffnen zur Emanzipation der Schwarzen.«

Diese Passage erschüttert Hechler-Hopkins; er sieht darin einen neuen Aspekt der großen Verheißungen der hebräischen Propheten: »Du wirst ein Licht sein für die Völker.« Herzl hat die Entwicklung, 50 Jahre später, nicht miterlebt, jene bemerkenswerte Aktivität Israels in Afrika; alle aber, die das Werk zum guten Ende gebracht haben, sind nur seiner Vision gefolgt und ihm treu geblieben.
Es ist eigenartig festzustellen, dass sich Herzl nur in einem Punkt geirrt hat: Die Wiedergeburt der hebräischen Sprache schien ihm zu wundersam, um Wirklichkeit zu werden. So entschied er sich zugunsten einer »babylonischen« Lösung: Jeder sollte seine eigene Sprache sprechen, wobei verständlicherweise der deutsche Jargon dominiert hätte!
Doch es ist Jerusalem – das er so schmutzig, so deprimierend, so erniedrigend gefunden hatte –, dem der Seher seine liebsten Gedanken, seine großartigsten Pläne angedeihen ließ: weltweiter Mittelpunkt des Gebets, Zentrum des Weltfriedens. Sollte man nicht den modernen Ausdruck anwenden: »JERUSALEM, Hauptstadt des Ökumenismus, aber auf Stufe

aller Kinder Abrahams nach dem Fleisch und nach dem Geist ... ?«

*

Hechler entdeckt in diesem ungekrönten Fürsten erneut einen Mann ganz in der Linie der großen Herrscher Israels, in der Linie eines andern Visionärs: David. Beim Durchblättern dieses Zukunftsromans huscht ein Lächeln über das Antlitz des alternden Pastors: Ist es nicht schön, selber zur Bande der glorreichen Gefährten dieses neuen Davids zu gehören ...?

*

Die Expedition nach El-Arish läuft im Januar mit dem Segen Lord Rothschilds aus; aber nicht alle Mitglieder sind auf der Höhe ihrer delikaten Mission. Jedoch heben sich zwei Persönlichkeiten hervor: Oberst Goldsmith, durch seinen Rang und seine Gewandtheit, und Dr. Hillel Joffé. Die Kommission kommt während zweier langer Monate nicht von der Stelle und gibt endlich am 27. März eine befürwortende Stellungnahme zum Beginn einer Besiedlung ab, mit der Bedingung jedoch, dass ein Bewässerungssystem erstellt wird. Herzl muss Kairo vorzeitig verlassen und lässt Greenberg, einen eher zweifelhaften Vertreter, am Ort zurück; seine ungeschickten Vorstöße zwingen den Zionistenführer, nach Ägypten zurückzukehren, um Lord Cromer zu treffen, einen kalten und zurückhaltenden Mann, der offensichtlich diesen Wiener nicht nach seinem Geschmack findet: zu autoritär für einen Zivilisten!
Im Verlauf des Monats Mai bricht die »Lösung Sinai« zusammen. Lord Cromer verwirft das Projekt und nach ihm, wie es sich gehört, einige Tage später ebenfalls die ägyptische »Regierung«.
Nach Berlin und Konstantinopel widersetzt sich also auch Kairo (und damit indirekt London) der Heimkehr der Kinder

Israels. Die Feinde und die »guten Freunde« werden sich anlässlich des Kongresses vom Monat August wieder zusammensetzen und Herzl einen Kampf an zwei Fronten aufzwingen – dessen Herz wird immer schwerer ...

»Was soll's!«, ruft ihm Hechler zu, »der Sinai geht zu; es ist das Zeichen, dass Sie keine vierzigjährige Wüstenwanderung vor sich haben.«

*

Herzl denkt an Mosambik und bittet Hechler, der sich mit dem portugiesischen Botschafter gut versteht, um eine Audienz nachzusuchen. Diese wird ohne Probleme gewährt, doch der Graf Patay erweist sich als ebenso höflich wie ausweichend. – Nichts läuft mehr in Mosambik. Strecken wir doch die Fühler nach dem Kongo aus! Ein gewisser Philipsohn, der anscheinend Verbindungen zum belgischen Hof haben soll, weigert sich, vorstellig zu werden. Und auch im Kongo läuft nichts mehr!
Da tritt Russland wieder ins Blickfeld: In Kichineff ist durch erneute Pogrome jüdisches Blut geflossen. Zuerst Hechler, danach Herzl werden einmal mehr bei Friedrich von Baden vorstellig; dieser wendet sich seinerseits an Großherzog Konstantin, dem man großen Einfluss in St. Petersburg nachsagt. Der Zar lässt »respektvoll« wissen, man möge es gefälligst ihm überlassen, wie er seine Juden verwalten wolle. Nach Art von Kichineff! Konstantin empfiehlt, mit einem oder mehreren russischen Ministern in Verbindung zu treten – wenn immer möglich mit Plehve, dem Innenminister. Aber die russische Polizei hat anlässlich der kürzlichen Pogrome eine düstere Rolle gespielt, und ganz Europa zeigt mit Fingern auf Plehve, den eigentlich Verantwortlichen!
Durch Zufall, wenn man so sagen darf, hat Herzl freundschaftlichen Kontakt zu einer Bekannten Hechlers geknüpft: eine brillante polnische Intellektuelle, Madame Korvin-

Piatrovska, ihrerseits mit Plehve befreundet. Sie vermittelt eine Audienz, und Herzl begegnet dem »Schlächter« Anfang August. Dieser zeigt sich von der Persönlichkeit seines zionistischen Gesprächspartners besonders beeindruckt und erhebt keinen Einspruch gegen die Ermutigung zur Ausreise der Juden; dies unter der Bedingung allerdings, die wohlhabenden Juden hätten das umfangreiche Projekt zu finanzieren. Dies missfällt Herzl keinesfalls...
Dank Lord Rothschild kommt eine Unterredung zustande mit dem Finanzminister des Zars, Witte, einem bemerkenswerten Flegel. Doch keine Chance, Nikolas selber zu treffen: Dieser, ein mittelmäßiges Wesen, abergläubisch und stupid, sitzt auf dem Thron von Großrussland und empfängt keine Juden. Möge man andern gekrönten Häuptern begegnen, andern Kaisern, aber dem großen Nikolas begegnet man nicht. Für ihn lässt sich übrigens das jüdische Problem auf sehr einfache Weise aus der Welt schaffen. Die Lösung hat ihm sein Groß-Inquisitor Plehve (und einige orthodoxe Würdenträger...) eingeflüstert: Die Juden haben Jesus getötet, folglich gibt es für sie kein anderes Heil als den Eintritt in den Schoß der heiligen orthodoxen Kirche – und nicht eine Niederlassung im Heiligen Land: Allein schon ihre dortige Anwesenheit würde die heiligen Stätten beschmutzen... Sie sollen sich mit ihrer ›Mauer der jahrtausendealten Scham und Klagen‹ begnügen! Wir, Nikolas II., wir erlauben und dulden, dass Israel weine und klage – mehr nicht!
Armer Nikolas, du hast zweifelsohne vergessen, welches Los den Pharaonen, den kleinen und den großen, beschieden war, sie, die davon geträumt hatten, Israel auszurotten und ihm für immer den Zugang zum verheißenen Land zu versperren...

Herzl kommt reich an Erfahrungen aus Russland zurück. Gewiss hatte ihm der »russische Schlächter« zugelächelt und Unterstützung versprochen. – Wie schon bei seinen Vorstößen beim Sultan erntet Herzl auch jetzt wieder eine Menge heftiger Vorwürfe; aber eben, wie sollte Mose dem Pharao beggnen?

Aber die Armen, die Demütigen, die Verfolgten und die Gläubigen drängen sich vertrauensvoll um ihn, wo immer er erscheint. Viele rufen: »Es lebe der König!«, und alle begrüßen ihn als den Fürsten der Freiheit. Herzl erschauert und weint mit ihnen. Diese wenigstens erkennen seine tiefe Liebe und Leidenschaft für ihr Volk, wissen, dass Mose mit Abscheu und Leiden dem Pharao gegenübergetreten ist. Er weint mit ihnen, weil er weiß, dass er weder König noch befreiender Messias ist, höchstens ein jüdischer Messias der Schmerzen – einer mehr –, und dessen Herz bald brechen wird.

Im Verlauf einer Unterredung mit Herzl, der einmal mehr nach London gereist ist, stellt Minister Chamberlain im Bewusstsein des Misserfolges von El-Arish plötzlich die Frage:

»Was würden Sie von Uganda halten? Ich war kürzlich zu Besuch da: sehr heiß an den Küsten, aber hervorragendes Klima im Hochland. Baumwolle hat große Zukunft. Was denken Sie dazu?«

Herzl denkt vor allem, dass in Russland und anderswo Blut fließt. Er drängt den Minister, dem Kabinett eine offizielle Erklärung abzunötigen, die er dem sechsten Kongress vorlegen will, der vom 23. bis 28. August einmal mehr in Basel zusammentreten soll. Am 16. August liegt auf dem Büro des Zionistenführers ein Brief von Sir Clement Hill vom Foreign Office (Außenministerium) auf mit dem offiziellen Angebot zu einer jüdischen Besiedlung Ugandas und der Einladung, eine zionistische Delegation möge diesbezügliche Untersuchungen vor Ort vorantreiben. – Erste Anerkennung der zionistischen Bewegung durch eine Regierung! Herzl ist sich bewusst, dass damit ein nicht mehr aufzuhaltendes politisches Räderwerk in Gang gekommen ist.

Zum ersten Mal kann Hechler seinem Freund nicht Folge leisten; er erklärt es auch mit Entschlossenheit:

»Wie können Sie nicht realisieren, Freund, dass mit einer festen Ansiedlung eines Teils des Volkes in einem afrikanischen Land der Anspruch auf Jerusalem für immer verloren geht, verloren für Israel!«

Doch Blut fließt in Kichineff, und Herzl kann nur wiederholen:

»Wir werden einen jüdischen Gouverneur haben und die Autonomie in fünf Jahren ... Es ist die Antwort auf das Drama von Kichineff, das nach einer Sofortlösung ruft ... Wir müssen eine Politik der Dringlichkeit führen ... Eintreten auf den Vorschlag Chamberlains verstärkt unsere Position.«
Und dann die Erklärung des »Staatsmannes«:
»Wir zwingen ihn (Chamberlain), eine andere Geste zu machen, wenn der Kongress dieses Projekt ablehnen sollte. In jedem Fall haben wir dieser kolossalen Macht (Großbritannien) die Anerkennung der NATION EN PUISSANCE abringen können!«

Dies wollen die zionistischen Delegierten in Basel nicht verstehen. Sie sehen in der Eröffnungsansprache ihres Führers einen skandalösen Widerspruch, ja gar eine List, als er erklärt, allein Palästina sei die Heimat und das höchste Ziel ihrer Bemühungen. Die Verhandlungen mit dem Sultan sind nicht abgebrochen; doch es ist äußerst wichtig, diese ugandische Untersuchungskommission zu ernennen, denn, wie immer die Entscheide ausfallen, so bleiben Verhandlungen zwischen dem Zionismus und der Regierung der Britischen Majestät bestehen; so können wir unsere Dankbarkeit zum Ausdruck bringen.
Der treue Max Nordau unterstützt, widerwillig, seinen Freund und Chef. Dabei löst seine Aussage »Ehrlich gesagt wird Uganda nicht mehr sein als ein Nachtasyl!« einen Sturm aus. Die Opposition, umfassend die russischen Delegierten und die Leute aus Kichineff, ist entfesselt ...: »Palästina oder den Tod!« Auf den Tribünen hat ein erschütterter Hechler seine Augen

auf seinen Freund fixiert. Was wird geschehen? Wird die bevorstehende Abstimmung nicht eine Spaltung dieser Bewegung hervorrufen, die Hechler um ihrer Einheit und ihrer Stoßkraft willen so bewundert hat? Eine Spaltung mit ebenso unvorhergesehenen wie tödlichen Folgen für den Zionismus? Mein Freund, mein Bruder, mein Fürst, wohin gehst du? Welcher neuen Einsamkeit entgegen, schlimmer als Uganda?
Herzl widersteht, denn schließlich hat er das afrikanische Exil vorgeschlagen, das ihm allemal besser erscheint als die Pogrome. Er ist der Chef und ruft in die Runde:

»Die Zeit drängt! Es ist nunmehr die Aufgabe des Chefs, das Volk auf den Weg zu bringen, der, wenn auch anscheinend auf Umwegen, zum Ziel führt. Mose selber hat nicht anders gehandelt ...«

Die Abstimmung gibt folgendes Ergebnis: 295 Stimmen für Herzl, 177 Gegenstimmen und 100 Enthaltungen. Die ganze russische Delegation erhebt sich und verlässt den Saal. Herzl unterbricht die Sitzung und verlangt, von den russischen Brüdern angehört zu werden. Man lässt ihn erst im Durchgang warten, dann öffnet sich die Tür. Viele weinen, und dann ein Schrei: »Verräter!«
Ein Stich mehr in sein Herz, und niemand kann sich vorstellen, wie tief er eingedrungen ist. Herzl meldet sich zu Wort, würdig, väterlich. Er will dieses Austreten als gewöhnlichen Akt des Sitzungszeremoniells gewertet sehen, aber man hat ihm mitgeteilt, die russischen Delegierten würden weinen.

»Da habe ich begriffen, dass ihr erschüttert ward und geglaubt habt, ich hätte das Programm von Basel aufgegeben. Ich bin deshalb gekommen, um euch zu sagen, dass dem nicht so ist ... 1901 hätte ich den Vertrag für Palästina erwirken können, wenn ich den Preis hätte bezahlen können ... man hat mir das Geld verweigert ... so ist die Situation. Ihr gebt mir kein Geld, es bleibt somit nur die Diplomatie. Ich habe keinen Verrat begangen, aber wir haben kein Recht, das englische Angebot, das für die israelischen

Märtyrer eine Atempause bedeutet, zurückzuweisen.«

Das Herz schmerzt, aber er liebt die Heftigkeit seiner russischen Brüder, denn sie entspringt derselben Liebe für dasselbe seit so vielen Jahrhunderten verlorene Heimatland. Alle einigen sich danach zum Kompromiss, es sei eine Untersuchungskommission zu entsenden, und der nächste Kongress würde danach entscheiden.
Alle erheben sich und schwören wie auch Herzl:

»Vergesse ich dich, Jerusalem, so vertrockne meine Rechte«.

Am selben Abend macht er vor seinen Vertrauten, darunter auch Hechler, die Aussage:

»Ich will euch jetzt meine Rede vom VII. Congress – wenn ich ihn erlebe – sagen. Ich werde bis dahin entweder Palästina oder aber die vollkommen Aussichtslosigkeit jeder weiteren Bemühung eingesehen haben. Im letzteren Falle wird meine Rede lauten: Es war nicht möglich. Das Endziel ist nicht erreicht u. wird in absehbarer Zeit nicht erreicht werden. Aber ein Zwischenresultat liegt vor: dieses Land (Uganda), in welchem wir unsere leidenden Massen auf nationaler Grundlage mit Selbstverwaltung ansiedeln können. Ich glaube nicht, dass wir um eines schönen Traumes oder um einer legitimistischen Fahne willen den Unglücklichen diese Erleichterung vorenthalten dürfen. Aber ich verstehe, dass in unserer Bewegung hiemit eine entscheidende Spaltung eingetreten ist, und dieser Riss geht mitten durch meine Person hindurch. Obwohl ursprünglich nur Judenstaatler – n'importe où –, habe ich später doch die Zionsfahne ergriffen ... Palästina ist das einzige Land, wo unser Volk zur Ruhe kommen kann. Aber sofortige Hilfe thut Hunderttausenden Noth ... Um diesen Zwiespalt zu lösen, gibt es nur eins; ich muss von der Leitung zurücktreten ... Durch das, was ich gethan, habe ich den Zionismus nicht ärmer, aber das Judenthum reicher gemacht. Adieu!«

Von einem Satz dieser Rede ist Hechler besonders ergriffen: »DIESER RISS GEHT MITTEN DURCH MEINE PERSON HINDURCH.« Dabei denkt er an jenen Brief, den er dem Vorstand der zionistischen Bewegung Wiens geschrieben hat. Jeder Satz davon widerhallt in seinem Geist, während er durch die leeren Straßen Basels streift:

»... So viele Christen beten täglich für euch, Gott möge euch die Weisheit schenken, diese große Aufgabe zu erfüllen – ich selber bete dreimal am Tag, das Antlitz nach Zion gewendet, nach dem Vorbild eures lieben Daniel von dazumal ... Ihr habt, dessen bin ich gewiss, einen von Gott gesandten Führer... Haltet euch stets treu an seiner Seite, stärkt ihn durch euren Glauben, euren Gehorsam, eure Treue, eure Einheit ... Wir müssen für die Stürme unseres Lebens dankbar sein, denn sie stärken uns und bringen uns Gott näher.
Oh Gott, guter himmlischer Vater, führe und segne unseren lieben Benjamin (hebräischer Vorname Herzls)! Gib ihm Kraft und Weisheit, deinen Willen zu tun, nur diesen ...«

*

»Herr, was ist nun dein Wille? Der du von Zeit zu Zeit die Mächtigen erleuchtest, tue es doch jetzt, damit dieser Sultan, der nicht dein Diener, sondern eine Prunkpuppe ist, das Land Israel zurückgibt; du hörst die Schreie im Land der Knechtschaft. Du, der du mich an die Seite dieses Fürsten gestellt hast, lass nicht zu, dass er in einer schrecklichen Einsamkeit versinkt. Dein Volk willst du nicht in Afrika versammeln, aber um Jerusalem her ›wie eine Henne ihre Küken‹. Und du, Christus-König, erinnere dich an das Jerusalem von dazumal, über welches du geweint hast, nicht weil du es verdammt, sondern weil du die alte jüdische Mutter in den Flammen gesehen hast ...
Du, der du meinen Weg zu ihm bereitet hast seit meinen jungen Jahren, der du aus meinem Leben diesen langen und geraden Weg zu ihm gezeichnet hast – nein, gestatte nicht, dass durch ihn und

durch sein Herz die Spaltung der Seinen gehe auf ihrem Weg ins verheißene Land. Erhalte ihn am Leben bis zur Jubelstunde, wo wir alle zusammen nach dem freien und messianischen Jerusalem aufbrechen werden ...«

So muss Hechler gebetet haben nach dem Drama von Basel an diesem Augustende 1903. Unter vielen Hunderten von Männern hat er allein den Schatten des Todesengels über das Gesicht des gehetzten und verhöhnten Fürsten huschen sehen.

*

Letzte Atempause? Letzte Ferien?
Die Lieblichkeit Italiens und der Reiz des Unerkanntbleibens.
Rom zieht unsern Fürsten an, denn die römische Karte hat er noch nicht ausgegeben. Man möge nicht sagen können, sie sei nicht gespielt worden. Was meinen Sie, Freund Hechler?
Hechler liebt wohl die Sonne und das sanfte Leben Roms, aber er ist nicht begeistert von der Festung Vatikan; er gehört zu denen, die den Vatikan gerne mit jener Babylons vergleichen, das vom Seher von Patmos gegeißelt wird (Off.17,5).

»*Wenn's sein muss: Der König ja, doch was wollen Sie Ihre Zeit im Vatikan verschwenden?! Das einzige Interesse, das man Ihnen entgegenbringen wird, besteht in der Hoffnung, einen bedeutenden Juden bekehren zu können! Diese mehr politischen als religiösen Leute sind, mit mehr oder weniger Subtilität, stets gegen Sie gewesen. Palästina erschöpft sich für den Vatikan mit dem, was man die heiligen Stätten nennt, seine Klöster und seine Schulen. Der Zionismus wird in seinen Augen niemals Gnade finden, weder aus Gründen der Politik – keine Übergabe der Amtsgewalt – noch aus finanziellen Gründen, »geistliche« Ausbeutung dieses Bodens, und vor allem nicht aus theologischen Gründen: Israel ist verworfen (auch wenn Paulus das Gegenteil sagt ...). Sie werden mit allen Mitteln gegen Sie agieren, diese Männer der römischen Kurie und ihre Inquisitoren ...*«

Aber er lässt sich verzaubern vom Eindruck, den eine päpstliche Audienz auf die reichen und wohlbestallten Juden machen wird.
Da will es der Zufall einer Begegnung in einem Brauereirestaurant in Venedig, diesem Venedig, das ihn für seinen Judenstaat so beeinflusst hat, dass er mit einem Grafen Lippay zusammentrifft, seines Zeichens Porträtist des Papstes; dieser Lippay ist hingerissen von den Ideen dieses Herzl, der, einmal zurückgekehrt in den Schoß der Mutter Kirche, so gute Figur machen würde!
Die Audienz ist leicht und schnell erwirkt, aber Herzl bringt die Sache auf den Punkt: Ich begebe mich in den Vatikan weder als Pilger noch als Taufkandidat, sondern als Fürsprecher meines Volkes! Ich liebe und bewundere Jesus als das ergreifendste aller Kinder Israels ... teile aber die Ideologie der katholischen Kirche keineswegs ...

*

Für den jüdischen Fürsten ohne Königreich ergeben sich Ende dieses Januars 1904 drei pikante Szenen mit Kardinal, König und Papst, die wir hier in kurzen Monologen zusammenfassen, literarisch inspiriert durch die Tagebücher Herzls:

Szene I – Der Kardinal
Kardinal Merry de Val, Staatssekretär Seiner Heiligkeit, reinrassiger Spanier, um die Vierzig.

»Solange die Juden die Gottheit Christi leugnen, können wir uns doch nicht für sie erklären. Nicht als ob wir ihnen Übles wollten. Im Gegenteil, die Kirche hat sie immer in Schutz genommen. Für uns sind sie die nothwendigen Zeugen des Vorganges, wie Gott auf der Erde war. Aber sie leugnen Christi Gottesthum. Wie sollen wir nun, ohne unsere eigenen höchsten Prinzipien preiszugeben, uns damit einverstanden erklären, dass sie wieder in den Besitz des Heiligen Landes gesetzt werden? Die Geschichte Israels ist unser

eigen, es ist unsere Grundlage. Aber um uns für das jüdische Volk zu erklären, wie Sie es wünschen, müsste es sich bekehrt haben.«

Szene II – Der König
Victor-Emmanuel, König von Italien. Sehr klein, in Generals-Uniform, aufrecht, einfach und leutselig.

»Ich kenne es (Palästina) gut, ich war mehrmals dort. Auch gerade als mein Vater umgebracht wurde ... Das Land ist schon sehr jüdisch. Es wird u. muss Ihnen zufallen, es ist nur eine Frage der Zeit, wenn Sie erst eine halbe Million Juden dort haben. Mit Bakschisch geht alles ... Das Einzige, das auf den Sultan wirkt, ist Geld ... (Dabei stellte es sich heraus, dass er mich ursprünglich für einen Rabbiner gehalten hatte.)
Es freut mich, dass Sie Uganda aufgegeben haben. Die Liebe zu Jerusalem gefällt mir ...«

Szene III – Der Papst
Guiseppe Sarto, Papst seit wenigen Monaten. Guter, einfacher Mann; bedient sich oft eines großen rotkarierten Schnupftuches.

»Wir können diese Bewegung nicht begünstigen. Wir werden die Juden nicht hindern können, nach Jerusalem zu gehen – aber begünstigen können wir es niemals. Die Erde Jerusalems ist, falls sie nicht immer heilig war, geheiligt durch das Leben Jesu Christi ... Die Juden haben unseren Herrn nicht anerkannt, weshalb wir das jüdische Volk nicht anerkennen können.
Es ist nicht angenehm, dass die Türken unsere heiligen Stätten besitzen. Das müssen wir eben ertragen. Aber die Juden in der Erlangung der heiligen Stätten begünstigen, das können wir nicht. Die jüdische Religion war die Basis der unseren, aber sie wurde ersetzt durch die Lehre Christi ... Und so, wenn Sie nach Palästina kommen u. Ihr Volk ansiedeln werden, wollen wir Kirchen und Priester bereithalten, um Sie alle zu taufen.«

*

Hechler hatte einmal mehr Recht behalten, trotz seiner liebenswerten Naivität. Herzl aber hatte kein Glück mit den Großen, die seiner Sache wohlgesinnt sind, waren es doch allemal Prinzen ohne direkten Machteinfluss: Friedrich von Baden und Victor-Emmanuel. Und man wagt wirklich nicht daran zu denken, dass diese beiden Männer die Sache nur unterstützt haben, weil sie sich ihrer Machtlosigkeit dem Sultan gegenüber bewusst waren ...
So blieb dieser antiklerikale und »ungläubige« König der einzige der drei, der schöne Worte gemacht hat – voller Zuversicht in die Zukunft und in ihrer Art prophetisch, das muss man sagen.
Die Prinzen des Vatikans, Gefangene ihrer kalten Dogmatik und verkalkt in ihrer jahrhundertealten antijüdischen Tradition, konnten es nicht erfassen. Sie sahen nicht, dass ihre Worte keinen Zusammenhang hatten mit den Realitäten der Zeit, mit dem Israel zu Beginn des 20. Jahrhunderts – keinen Zusammenhang mit der Lehre Christi, Pauli und dem ganzen Neuen Testament.
Es ist in der Tat bestürzend, an die Rückkehr nach Zion die Bedingung der Bekehrung zur römischen Kirche zu knüpfen. Aber dies ist die Mentalität seit siebzehn Jahrhunderten, seitdem sich die damals verachtete und verfolgte Kirche auf den Thron eines Cäsars erhoben sah, der für vermeintliche Notwendigkeiten seiner Politik sich zum Christentum bekehrt hatte. Als Herzl von der päpstlichen Audienz kommt, sieht er in einer Halle ein gewaltiges Gemälde, das einen Papst bei der Krönung eines Kaiser darstellt, und bemerkt dazu: »So will es Rom haben.«
Zu lange hat Rom Kronen verteilt, Königreiche geschaffen, den Herrschenden die Beichte abgenommen und die Politik gehandhabt bis hin zur Provokation und Organisation von »Religions«-Kriegen. Rom hat den Juden den gelben Stern aufgezwungen, Rom hat während Jahrhunderten eine Lehre der Verachtung verbreitet, die den Weg zu den verheerenden Verfolgungen der Nazizeit bereitet hat (wir können dabei lei-

der die entsetzliche Verantwortung eines Martin Luther nicht vergessen ...).

Möge es Herrn Merry del Val nicht missfallen, der seinen Gesprächspartner wirklich für einen Chorknaben hält!

So hat die Kirche seit Jahrhunderten die besondere und einmalige Stellung Israels in der Geschichte der Nationen vollkommen aus den Augen (und dem Herzen) verloren. Jahrhunderte, in denen die Christenheit die Verheißungen der Bibel für sich allein beansprucht und Israel nur die Verwerfung überlassen hat. Sofern sie nicht gar subtil darüber gewacht hat, diese Verwerfung nach Gutdünken anzuheizen und diese durch die Jahrhunderte der Verachtung, in die das jüdische Volk in der europäischen Geschichte eingetaucht war, nach Kräften aufflammen zu lassen. Die römische Kirche hat eine Menge Schritte unternommen, um Israel an der Rückkehr in sein Land zu hindern. Es hat dann auch nahezu 50 Jahre gedauert, bis sie sich dazu bequemt hat, den israelischen Staat anzuerkennen, während dies viele arabische Länder längst getan haben ...

Übrigens hat jene protestantische Welt mit Sitz in der Stadt Calvins, wo Vorsicht, Angst und geistliche Blindheit herrschen, dem römischen Vorbild kräftig nachgeeifert.

*

Von Zeit zu Zeit ein Mann wie William Hechler genügt in den Augen Christi auch nicht, um die Ehre der universellen Kirche, der Theologen, Kardinäle und Päpste zu retten angesichts neuerlicher Bedrohungen totaler Vernichtung Jerusalems.

*

Es war wirklich die letzte Frist, die letzten Ferientage in der Sonne und der Milde Italiens.

Am 30. April bricht Herzl in Wien zusammen. Hechler hat noch eben Zeit, herbeizueilen, ihn einen Augenblick zu sehen, bevor ihn die Ärzte für sechs Wochen nach Franzensbad wegschicken. Er verbirgt seiner Mutter und den Seinen die Schwere seines Leidens. Er lebt im Wahn, seine letzten Jahre seien für sein Volk unnütz und er für Israel ein kraftloser Diener gewesen.

Am 16. Mai, als er über sein Tagebuch gebeugt ist, das er 1895 zu Pfingsten in Paris begonnen hatte, unterbricht ein Blutsturz für immer seine vertraulichen Mitteilungen.

Mit Mühe kehrt er nach Wien zurück, um sogleich wieder aufzubrechen ins friedliche Bergdorf Eldach. Erdrückt von einem Haufen Post, die ihn von überall her erreicht (wieviel Heftigkeit und Angriffe!), schreibt er zur Antwort an alle auf ein großes, leeres Blatt Papier:

»In the midst of live there is death« – »Mitten im Leben kommt der Tod.«

Am Freitag, den 1. Juli, weckt ihn ein blutiger Hustenanfall aus dem Schlaf. Den ganzen Tag kämpft er gegen Husten und Ersticken, Fieber und Blutsturz. Er erhebt sich, versucht, im Anblick des sich neigenden Tages aufrecht zu stehen, angesichts des sterbenden Lichtes mitten im Sommer – mit dem Alptraum dessen, was er nicht vollendet hat, was er nicht mehr wird tun können. Nein, weine nicht – bleib so aufrecht und versuch zu lächeln.

*

Am nächsten Tag öffnet sich die für andere Besucher verschlossene Türe für seinen Freund und naiven Propheten – zum ersten Mal sieht er ihn weinen. Ein letztes Mal noch blickt er in die Augen voll unermesslicher Güte jenes Mannes, der ihn am besten verstanden hat, der seit acht Jahren dreimal am Tag für den Fürsten von Zion gebetet hat ... Sind sie nicht wieder im Büro der ›Freien Presse‹ in Wien am damaligen 10. März 1896? Kreuzen sich ihre Augen nicht zum ersten Mal ...? Sind sie nicht im Salon Friedrichs von Baden, als alles so leicht und wunderbar schien ...? Sind sie nicht in Jerusalem nach dem Krachen der Salven in Jaffa, die bestimmt ihnen gewidmet waren? Sind sie nicht im Studio des Pastors mit der großen Unordnung, umgeben von Stapeln von Büchern, aber mit den Tönen der zionistischen Hymne...? Wenn wir schon bald, Freund, zum neuen Tempel Jerusalems hinaufsteigen werden, dann werde ich keine Lust mehr haben, darin Bischof zu sein.

*

»Hechler, nicht weinen, das ist jetzt nicht erlaubt... Auch ich habe gestern, als der Tag zur Neige ging, ein paar Tränen vergossen; doch die Nacht gebiert stets einen neuen Tag. In dieser Weise dürfen zwei Freunde wie wir sich nicht verlassen. Wo sind Ihre ermutigenden und tröstenden Worte?« Hechler fasst sich nur mit großer Mühe: Gott weiß, dass er nicht vor dem Sterbebett irgendeines Gemeindebruders steht; er weiß, es ist sein Fürst, der im Sterben liegt. Gott weiß, dass er es nicht fassen kann..., und er weiß, dass jetzt, im Traum und in Tränen, nicht die Zeit ist, einen Psalm der Rückkehr nach Zion zu lesen.
Und es ist nicht die Stunde der banalen Worte und falschen Ermutigungen, aber jene wichtiger Erkenntnisse: »Das Leben ist ein Pilgerweg zum Königreich, und Sie, Freund, sind schon Sieger... Sie gehen uns voraus in die messianische Ehre, Sie werden zu uns zurückkommen mit unserem König nach Jerusalem... Es wird nicht mehr lange dauern... Sie haben die Bresche geschlagen; Sie sind schon Sieger...«
Plötzlich verzerrt sich das Gesicht des Sterbenden, eine Hand greift in einer Gebärde innerer Not nach Hechler, die andere verkrampft sich auf der Brust – dann ein Ausruf, der in der Brust erstickt:

»Grüßen Sie sie alle von mir... alle! Alle meines Volkes und sagen Sie ihnen... sagen Sie ihnen... ich gebe mein Blut... das Blut meines Herzens... für sie alle, mein Volk!«

Eine neue Krise unterbricht ihn; er wendet sich und macht mit der Hand eine Gebärde des Abschieds. Hechler verharrt einige Zeit in Stille, benommen. Er möchte lautlos beten, findet keine Worte – er geht hinaus, flüchtet, ohne jemanden zu bemerken, zu grüßen, aber immer wiederholend: »Sie waren seiner nicht würdig... sie waren seiner nicht würdig!«

*

Am Sonntagmorgen, dem 3. Juli, verspürt Herzl Kraft, die Seinen zu sehen; er verlangt nach seiner Mutter, seinen abwesenden Kindern. Die Mutter sieht er am Mittag ein letztes Mal. Am Nachmittag die große Stille. Kurz vor fünf Uhr sagt er:

»Jetzt, meine Freunde, lasst mich allein ... Seid ohne Sorge ... für mich wird es gut sein zu schlafen ...«

Am Vorabend, während er im stillen Gebet nach Worten sucht, denkt Hechler an den Berg Nebo. Ja, der Fürst muss allein sein, um dem Schöpfer, dem Herrn des verheißenen Landes, seinen Odem zurückgeben. Wir haben stille zu sein bei diesem mystischen Auge in Auge, weit vom Tal des Jordans, von Jerusalem, in diesen ausgedörrten Hügeln...
Vom Gott Jerusalems in den Tumult des Prozesses eines kleinen jüdischen Kapitäns (Dreyfus) berufen, hingeführt zu den Großen – etlichen »Pharaonen« seiner Zeit – ist für ihn nun die Stunde des brennenden Busches, der letzten Offenbarung angebrochen, wo Gott den Geist seines leidenden Knechtes zu sich holt. Denn es gibt keine größere Liebe, als sein Leben für die zu geben, die man liebt...

*

Er hatte sich gewünscht, wie die Armen mit den Armen begraben zu werden, ohne Blumen, ohne Grabesreden. Aber hinter seiner sterblichen Hülle drängt sich an diesem 7. Juli 1904

eine gewaltige Masse weinender und in antiken hebräischen Litaneien klagender Menschen durch die Straßen Wiens. Ganze Züge voll sind aus allen Ecken Europas angereist, diese bärtigen Juden der grausamen Ghettos Russlands, die ihm gestern noch freudig weinend zugejubelt haben.
Und jetzt, als der Sarg in die Grube sinkt, packt eine richtige kollektive Hysterie diese gedemütigte Menschenmasse: Sie stürzt sich auf das Grab, schreit und zerreißt sich die Kleider, streut sich etwas von dieser geduldigen Erde auf den Kopf – dies alles in einer brennenden Hitze und vor den bestürzten und verlegenen offiziellen Trauergästen.

*

Seid nicht schockiert, ihr Schriftsteller, Journalisten, Politiker und offizielle Delegierte – seid nicht schockiert! Es ist das Volk der Bibel, das kleine Volk der Bibel, das andere Saddüzäer und andere Pharisäer das »Sklavenvolk« nannten – es weint um seinen ungekrönten König. Das Volk, das spürt, dass eine wundervolle Chance, ein mitreißendes Fest grausam unterbrochen worden ist. Und heute Abend werden sie die Straßen eurer antisemitischen Stadt räumen, ihre Züge besteigen und zurückkehren in ihre der Scham vorbehaltenen Quartiere – in Tränen und Hoffnungslosigkeit. Wer wird sie nun ins unerreichbare verheißene Land zurückführen...?
Hechler schreitet mit der engen Familie und den Freunden vor den Offiziellen. Das Drama auf dem Grab hat ihn weder überrascht noch schockiert. Er kennt Israel und fühlt sich als Teil davon ..., er kennt und liebt es ja schon seit so langer Zeit. Auch andere sind da in ihren schönen schwarzen Gehröcken – sie, die unseren Freund Herzl ins Grab gebracht haben ... Er ist gestorben auch für sie, die sein Herz gebrochen haben.

*

Aber ich, William Hechler, ich werde da sein für euch, russische Brüder, rumänische Brüder und euch andere, um es in

eurer Erinnerung wach zu halten: Euer Fürst hat euch dreißig Jahre zu früh abholen wollen, aber er wird weiterhin eure Rückkehr beseelen, eine Rückkehr in Einheit, für welche er wahrscheinlich so früh sein Leben hat lassen müssen...
War es nicht geschrieben, dass er nicht wie ein gewöhnlicher Verwaltungsratspräsident zurücktreten sollte, zurücktreten konnte – er sollte und konnte seine Krone nicht niederlegen wegen einer verlorenen Schlacht. Wahrscheinlich muss es besser gewesen sein, an der Einnahme des Landes der Väter nicht selber teilzunehmen...
Weil jedes Land in Schmerzen erworben und jede Eroberung in Blut vollzogen werden muss...

EINSAMKEIT
UND
VERBITTERUNG

Wir machen einen Sprung ins Jahr 1949. Israel erholt sich von einem Krieg, den ihm fünf zu seiner Vernichtung entschlossene Armeen aufgezwungen haben. Die gefährlichste dieser Armeen war die Jordaniens, das Werk Großbritanniens. In diesem Jahr, am 10. August, beschließt das israelische Parlament, den Wunsch des verstorbenen Fürsten zu erfüllen.
Mit der Einwilligung der jüdischen Gemeinschaft von Wien, d.h. was davon noch übrig geblieben war, holt ein israelisches Flugzeug am 16. August die sterblichen Überreste Herzls heim. Dabei überfliegt es vor der Landung das ganze Territorium des Landes.
David Ben-Gourion verfehlt nicht, den Wunsch Josefs für die Zeit nach der ägyptischen Knechtschaft mit folgenden Worten in Erinnerung zu rufen:

»Es wird nicht ein Trauerzug sein, mit dem die sterbliche Hülle Herzls nach Jerusalem hinaufzieht, sondern ein Triumphzug, der den Sieg eines Traumes über die Realität feiern wird!«

Während einer Nacht wird Herzl, umgeben von einer Ehrengarde, am Strand von Tel-Aviv aufgebahrt, um der Bevölkerung zu ermöglichen, ihm die Ehre zu erweisen. Am nächsten Vormittag erreicht der Geleitzug Jerusalem über genau jene Route, die der Zionistenführer im Jahre 1898 eingeschlagen hat.

Aus dem ganzen Land, aus allen Himmelsrichtungen, aus allen Lokalitäten und Kibbuzims strömen die Delegationen zu jenem Hügel hinauf, der fortan den Namen des zurückgekehr-

ten Fürsten tragen sollte. Und alle streuen ein wenig von ihrer Erde in sein Grab – von der Erde Israels.
Auch die Überlebenden der Todeslager der Nazis, die wahrhaft auferstandenen Gebeine, sind da. Sie stehen um das Grab des prophetischen Fürsten, ernst, aber doch insgeheim freudig erregt.
Wäre Hechler da gewesen, hätte er darin bestimmt das Zeichen der messianischen Thronbesteigung gesehen – auf einem andern Hügel zwar, jenem der Olivenbäume, wo Israel dereinst tanzen wird, befreit von allem Übel, und nicht vor einem toten Fürsten, sondern vor dem König der Ehre.

*

Von nun an ist Hechler allein im Leben. Dieser Tod und eine Reihe von Ereignissen in Europa, die zum Ersten Weltkrieg geführt haben, machen aus ihm einen Einsamen. Wenn man acht Jahre in enger Freundschaft mit dem Fürsten der Heimkehr verbracht und sein Leben für ein gemeinsames Ziel eingesetzt hat, erscheint alles andere so trostlos.
Der Pastor kommt ins sechzigste Lebensjahr. Glücklicherweise kann er nicht wissen, dass noch fünfundzwanzig Jahre Lebenszeit vor ihm liegen; eine nahezu ununterbrochene Folge von Kummer und bittern Enttäuschungen. Er wird die dramatische Verschlechterung der Beziehungen zwischen den beiden »protestantischen Mächten« einerseits und der Sabotage des Judenstaates... durch die englische Politik und Armee andererseits miterleben müssen! Ohne vom Aufsteigen der satanischen Bewegung in Deutschland zu reden, in welcher er als einer der wenigen sofort nach den ersten Kundgebungen die tödlichen Auswirkungen für das jüdische Volk erkannt hat.
Die Ereignisse von 1917 prägten vielleicht den einzigen Augenblick seines Lebens, der nach dem Tod des Freundes die mitreißenden Stunden der ersten zionistischen Kongresse in die Erinnerung zurückzurufen vermochten.

*

In acht Jahren hatte er Herzls Begegnungen miterlebt. Es waren die Begegnungen mit den Fürsten Friedrich von Baden, Wilhelm II., dem Sultan, den Prinzen Heinrich und Günther, Ferdinand von Bulgarien und Victor-Emmanuel von Italien; mit den Ministern Chamberlain, Landsdown, Cromer in England, Plehve und Witte in Russland, von Bülow und von Eulenburg in Deutschland, Koerber in Österreich und nicht zu vergessen Kardinal del Val, Staatssekretär von Papst Pius X., und mit diesem selber. Ohne namentlich die zahlreichen Botschafter, Abgeordneten und hohen religiösen anglikanischen und andern Würdenträger zu erwähnen.

All dies in acht kurzen Jahren und in den meisten Fällen dank der unermüdlichen Tätigkeit des Pastors. Gewiss genügend Erinnerungen, um fünfundzwanzig zusätzliche Jahre im Leben eines Jonathan auszufüllen, der seinen David verloren hat!

Der Augenblick ist gekommen, die wesentlichste Frage im Zusammenhang mit dieser außergewöhnlichen Freundschaft von acht Jahren zu stellen. Haim Weizmann, erster Präsident der Republik Israel, stellt sie selber in seinen Memoiren: [1]

»Herzl, der mit wichtigen Männern, Prinzen und Staatshäuptern verkehrte, die uns ›Palästina geben sollten‹, folgte einer Fata Morgana... Herzl, der den Reichen und Mächtigen schmeichelte... er zählte auf die Diplomatie, um Palästina zu erwerben... das praktische Resultat war sozusagen null...«

Erste Randbemerkung in der Auseinandersetzung, die uns beschäftigt: Es ist amüsant, festzustellen, mit welcher Herablassung die Mächtigen und Politiker von Weizmann bedacht werden, der aber, sobald er an der Spitze der zionistischen Bewegung steht, Herzl bei weitem an Naivität und politischen Fehleinschätzungen übertrifft!

---

[1]) Haim Weizmann: »Naissance d'Israel«; S. 70/71 (Gallimard 1957)

Es ist eine Tatsache: Weder der gute Wille eines Friedrich von Baden noch die Audienzen beim Sultan oder diesem Prinzen oder jenem Papst haben Herzl Palästina gebracht, auch nicht die »Verbundenheit« des Russen Plehve oder der englischen Minister. Doch wie können all die Kritiker, die Weizmann unterstützen, verkennen, dass diese kurzen Jahre den Zionismus in DER GANZEN WELT, in allen Botschaftskanzleien und an allen Höfen zu einem Begriff gemacht haben – was die Gruppen der »Geliebten von Zion«, ein vereinzeltes zionistisches Werk oder die harmlosen revolutionär-sozialistischen Aktivitäten eines Weizmann und der Seinen niemals zu realisieren imstande gewesen wären. War nicht der Sieg schon zur Hälfte erreicht? Wie konnten sie nicht verstehen, dass der Weiterverfolgung des »herzlschen Wunders« in Tat und Wahrheit die politische Karriere Heim Weizmanns und damit die berühmte BALFOUR-DEKLARATION zu Grunde lagen?
Hierfür die Beweise:
Es war dieser Lord Balfour, mit dem Herzl 1903 in London zusammengekommen war, als ihm dieser den bekannten Brief betreffend Uganda überbrachte. Weizmann selber betitelte diesen Brief als »Erklärung der neuen Identität und Legalität des jüdischen Volkes«. Ungefähr zu derselben Zeit bereitete ein gewisser Lloyd Georg für Herzl ein Projekt der Urkunde »Afrika« vor, und derselbe Lloyd George verteidigte 1904 vor dem Parlament die zionistischen Ideale. Anlässlich der Verhandlungen im Hinblick auf eine mögliche Kolonisierung der Zone von El-Arish im Sinai traf Herzl Lord Cromer, welcher später die Balfour-Deklaration unterstützt hat. Schließlich hatte Hechler seinen zionistischen Freund bei Sir Edward Grey eingeführt, der sich als zuverlässige Stütze des Zionismus bis hinein in die Parlamentsdebatten erwiesen hat.
Als Weizmann zu einem viel späteren Zeitpunkt Balfour in London traf, äußert dieser Staatsmann seine tiefe Bewunderung für Herzl. In diesem Sinne äußerten sich übrigens alle Staatsmänner, die dem Visionär begegnet waren, denn dieser war sich seiner Größe oder, genauer, der außergewöhnlichen

Würde seiner Berufung bewusst. Er sprach zu allen, Fürsten eingeschlossen, als Gleichgestellter. Dies verärgerte andere, unbedeutendere zionistische Persönlickeiten, und das war auch der Fall bei Weizmann – der übrigens dem befremdenden und kalten Charme des Asher Ginzberg, genannt Achad Ha-Am, unterlegen war (er seinerseits der entschlossenste Feind Herzls, ein typisches Produkt des intellektuellen und spirituellen Ghettos Osteuropas).

Mit dem ersten zionistischen Kongress musste die Welt erfahren, dass eine Bewegung entstanden war, die nicht mehr zu unterdrücken war. Das war beispielsweise der Fall eines guten Freundes Herzls, Alphonse Daudet. Auch die antisemitischen Kreise wurden sich dessen bewusst, unter ihnen Drumont, der von den Aussagen und dem Autor des »Judenstaates« lebhaft getroffen war.

Schließlich hatte die jüdische Gesellschaft das Verlangen und die Gewohnheit verloren, als eines seiner Kinder von den Großen und Mächtigen auf der Ebene von Gleichheit empfangen zu werden. Solches schmeichelte heimlich jedem jüdischen Bewusstsein, ob Freund oder Feind Herzls; es bewog mehr als ein jüdisches Vermögen, sich auf seine Seite zu schlagen – vor und nach seinem Tod. Wo waren die Juden, die erhobenen Hauptes Königen und Ministern entgegentraten und weder Bankier noch Hofarzt waren und auch nicht Bittsteller für irgendeine momentane Gunst, die dagegen im Namen Israels Recht auf Unabhängigkeit und Würde ihrer vergessenen Heimat forderten? Da war etwas, von dem sogar ein Rothschild träumen mochte – etwas, das in vielen Gewissen das Heimweh nach den göttlichen Verheißungen der Väter erweckt haben dürfte.

In dieser Richtung war William Hechler der Prophet Theodor Herzls und des neugeborenen Zionismus. Er war ebenso Diener der hebräischen Propheten wie des Juden Jesus und brachte in Bescheidenheit jenen »seelischen Zuschuss«, der dem Seher eigentlich von den Rabbinern hätte zukommen müssen.

Diese Freundschaft am Zusammenfluss zweier zionistischer Strömungen, der jüdischen und der christlichen, bleibt Symbol einer zu seltenen Realität: Aufbruch Seite an Seite nach demselben Königreich, demselben Jerusalem.

Herzl ist der Eckstein, auf dem das zionistische Haus steht. Weit entfernt vom Träumer und Liebhaber von Hirngespinsten, wie Weizmann ihn uns vorzustellen beliebt, ist er im Gegenteil Realist, viel mehr als die russischen Theoretiker der Zeit, angeführt von ihrem trockenen Vordenker Achad Ha-Am. Herzl konzentrierte seine Kräfte, sei es über direkte Verbindungen oder durch Druck seitens Drittpersonen, auf den alleinigen Herrscher Palästinas jener Zeit: den Sultan.

Sicher war es nicht die Frucht des blinden Zufalls, dass Herzl am Anfang seiner zionistischen Berufung einem Mann begegnet war, einem protestantischen Theologen mit ziemlich außergewöhnlichen Verbindungen. Hechler setzte das Getriebe von Unternehmungen und Begegnungen in Bewegung, das nach dem Tode seines Freundes auf der internationalen Bühne seine Früchte getragen hat.

*

Herzl hatte sich nicht geirrt, als er seinem Volk ans Herz legte, seinen treuen Freund der ersten Stunden und Vertrauten in seinen letzten Augenblicken nicht zu vergessen, diesen Träger des geistlichen Testaments dessen, der gestorben war, damit Jerusalem lebt und aufs Neue »die Freudenrufe der Kinder widerhallen und die Greise sich auf den Plätzen der Heiligen Stadt versammeln«.

*

Bis 1910, dem Jahr seiner Pensionierung, versah William Hechler sein Amt als Botschaftskaplan. Mit mehr Eifer und Genauigkeit als während der acht Jahre in der Gefolgschaft Herzls! Er muss sich nicht mehr zu diesem Prinzen oder jenem Bischof begeben. Berlin sieht ihn nicht mehr beim Hofkaplan Dryander nach dem »Seelenzustand« des Kaisers forschen, und der Botschafter Seiner britischen Majestät wird nicht mehr gebeten, unverhofft seinen Kaplan für die sonntägliche Predigt vertreten zu müssen – in seiner eigenen Kapelle! – oder wird nicht mehr eine über seinen Kopf hinweg nach London gesandte Bittschrift gegen seine eigene Überzeugung abdecken müssen.

Dagegen widmet Hechler einen großen Teil seiner Zeit dem Studium eines stets umfangreicher werdenden Wiener Phänomens, das man als »Antisemitismus« zu bezeichnen beginnt. Wien besitzt in der Tat das traurige Privileg, die Wiege des kommenden Nazitums zu sein. Der Bürgermeister der kaiserlichen Hauptstadt, Karl Lüeger, Vorsitzender der christlichsozialen (?) Partei Österreichs, macht aus seinem Hass gegenüber jeglicher jüdischer Kundgebung, ja gegenüber jüdischer Anwesenheit generell, sein politisches Hauptanliegen. Nicht ohne Erfolg, denn er wird zum Bürgermeister gewählt; diese Wahl muss allerdings mehrere Jahre auf die Zustimmung und Anerkennung des Kaisers warten.

Hechler spürt unterschwellig, dass bald die Länder deutscher Zunge die Pogrome Osteuropas ablösen werden. Für den alten Pastor zeichnet sich diese Gefahr als noch wesentlich schlimmer ab, denn diese organisierte und durchdachte Politik ist in ein ganz anderes Umfeld eingebettet als in Russland. Die richtige Grundlage eines offiziellen, verstaatlichten Antisemitismus ist im Aufbau begriffen.

Seit mehreren Jahren ist Hechler Mitglied der Gesellschaft zur Bekämpfung des Antisemitismus, geleitet von Baronin von Suttner, die auch Herzl gut gekannt hat. Als Präsidentin der weltweiten Vereinigung für den Frieden bekommt sie 1905 den Nobelpreis. Mit ihr führt der Kaplan lange Gespräche, um sie von der Tatsache zu überzeugen, der Zionismus, ein Zurück nach Zion, sei die einzige zufriedenstellende Lösung gegen das Drama des Antisemitismus.

*

Der Fürst ist tot, aber seine Bewegung kommt voran – mühsam, aber in der guten Richtung. Der siebente Kongress versammelt sich in Basel vom 27. Juli bis 2. August 1905 unter dem Präsidium von Max Nordau. Er beschließt, das Projekt »Uganda« endgültig fallen zu lassen, aber sich mit ganzer Kraft der Kolonisierung des zur Wüste verkommenen Palästinas zuzuwenden.

Zum Anlass der Vorbereitungen wird sowohl vom zionistischen Vorstand Wiens als auch von den zionistischen Studenten ein Bankett zu Ehren Hechlers veranstaltet. Der Ehrengast eröffnet seine Ansprache mit der Rückfrage an seine Zuhörerschaft, ob auch alle ihr Morgengebet verrichtet hätten! Denn ein richtiger Zionist sei ein gläubiger und praktizierender Zionist, sei doch die Bewegung auf die Erfüllung der letzten biblischen Verheißungen ausgerichtet. Eng gefasste Überlegungen, die nichtsdestoweniger den meisten dieser jungen Sozialisten ein Lächeln abringen. Das ist eindeutig wieder einmal »der alte Hechler«, der jede Gelegenheit wahrnimmt, um zu predigen, und nicht nur sonntags in der Kapelle der britischen Botschaft!

Nach dem Bankett lädt Hechler einige Studenten (darunter Martin Buber) ein, ihn zum Grab Herzls zu begleiten – für eine »wichtige« Zeremonie.

Man begibt sich zum Grab, Hechler lässt den Aufseher rufen und entnimmt daraufhin den gewaltigen Taschen seines Gehrocks einen kleinen Beutel.

»Mein Herr, wollen Sie bitte dafür besorgt sein, dass das Grab geöffnet wird! Ich habe etwas auf das Herz Dr. Herzls zu legen ...«

Großes Erstaunen des Beamten (und der anwesenden Zionisten):

»Ist der Herr ein Familienmitglied? Hat der Herr eine Spezialbewilligung?«

»Es braucht gewiss keine Spezialbewilligung, um auf das Herz Dr. Herzls ein bisschen Erde aus Jerusalem legen zu dürfen!«

»Ein Verrückter«, denkt der Aufseher und entfernt sich mit Schulterheben. Der aufgebrachte Hechler sieht sich gezwun-

gen, mit seinem Beutel nach Hause zurückzukehren, mit der Erde, die er eigens für diesen Anlass aus Jerusalem hat kommen lassen.
Die Studenten, ergriffen trotz der Komik der Situation, können die Größe der Freundschaft ermessen, die diesen Christen mit dem zionistischen Visionär verbunden hat.

*

1907 ist die Reihe an Friedrich von Baden, diese Erde zu verlassen. Hechler empfängt die zionistische Delegation, die zu den Trauerfeierlichkeiten angereist ist. Mit Friedrich entschwindet eine weitere Brücke zu diesen überschwänglichen zionistischen Jahren. Hechler wird niemals mehr die Schwelle seines Palastes überschreiten. Der sich nun verabschiedet hat, war vielleicht der letzte Fürst Europas, mit dem es gut tat, die Bibel aufzuschlagen.
Im folgenden Jahr macht Hechler eine Geste, die ihn echt charakterisiert, eine Geste, die seine naive und so rührende Liebe zu Zion einmal mehr zeigt, die keine Zeitung erwähnt und die der Zionismus vollkommen vergessen hat.
Drehen wir das Rad um einige Jahre zurück. Am Tag, als Wien vernommen hatte, dass Herzl vom Sultan empfangen wurde, präsentierte sich Hechler vor dem Büro des zionistischen Komitees in vornehmer Aufmachung: in der Kutsche von Sir Moses Montefiore, mit welcher dieser zwanzig Jahre vor der Geburt Herzls ganz Palästina mit demselben Traumbild bereist hatte. Daher im wahrsten Sinne die »Kutsche von Zion«, Symbol eines neuen, würdigen und wohl durchdachten Exodus!
Hechler hatte es verstanden, die Stadtväter von Wien so lange und so gut zu bearbeiten, bis ihm die Kutsche zugesprochen wurde – nein, nicht für seinen persönlichen Gebrauch als britischer Botschaftskaplan, sondern um sie dem Bezalelmuseum in Jerusalem zu schenken!

*

Nach fünfundzwanzig Jahren Aufenthalt in Wien kann William Hechler in den verdienten Ruhestand treten. Er kann jene Stadt verlassen, wohin ihn eine höhere Macht als die des Foreign Office berufen hatte. Er kann nicht wissen, dass ihn nur wenig vom Zeitpunkt trennt, wo der Zionismus sein neues Hauptquartier präzis in der Stadt seiner Wahl, London, aufschlagen wird.

Hechler ahnt die schwere europäische Krise voraus, die das Gleichgewicht der Kräfte im Mittleren Orient umstoßen wird. Mit noch mehr Aufmerksamkeit und Leidenschaft geht er daran, die sich zusehends erfüllende Geschichte zu entziffern, umso mehr, als ihm zur Gewissheit wird, dass sein alter Traum eines naiven Protestanten eben ein Traum bleiben wird. Die deutsch-englische Patenschaft der Wiedererstehung Palästinas verschwindet mehr und mehr in den undurchsichtigen Nebeln der tauben Rivalitäten der Amtsstuben. Die »entente cordiale« knüpft sich zwischen London und Paris, und das Verhältnis zwischen London und Berlin kühlt sich zusehends ab. Das Gespenst des Pan-Germanismus breitet sich nicht nur zur Türkei aus, sondern auch über die »reservierte« französisch-englische Domäne: Afrika ...

In der Türkei stiften die Jungtürken eine Palastrevolution an: Der Sultan und ein Großteil seiner Sippschaft werden 1909 hinweggefegt. Dies dank den Machenschaften deutscher Agenten und Offiziere. Die Bahnlinie, die nach Bagdad zielt, zeigt klar, dass Indien ins Visier genommen ist. Wenn dieses Projekt zustande kommt, wird die deutsche Armee nur wenige Transporttage vor dieser britischen Festung stehen ... Alle Karten in Hechlers Spiel kommen durcheinander. Die alten Bündnisse, entstanden aus religiösen Zuneigungen, sind tot. Also wieder in die hebräischen Propheten tauchen im Versuch, festzustellen, ob die Geburt Zions sich in Harmonie oder im Drama vollziehen wird ...

*

Vom 9. bis 15. August 1911 befindet sich Hechler anlässlich des zehnten zionistischen Kongresses in Basel. Dieser nimmt eine Wende, die Herzl nie zu hoffen gewagt hätte: Das Hebräisch wird offizielle Sprache! Auf der Tribüne lächelt der alte protestantische Theologe in seinen Bart; er erinnert sich seiner ersten Lektionen, gebeugt über diese im wahrsten Sinne tote Sprache. Wahrlich, diese Juden sind noch nicht zu Ende, die Welt und die Kirchen in Erstaunen zu versetzen ...

Es obliegt ebenfalls diesem Kongress, zum ersten Mal den Aufbau landwirtschaftlicher Gemeinschaftsunternehmen zu prüfen, von denen in der Folge viel geredet wird: die Kibbuzim. Was doch alles für neue Namen auf der Karte des verheißenen Landes auftauchen; manchmal erinnern sie an alte vergessene archäologische Stätten. Hechler findet darin einen bemerkenswerten Versuch, das soziale Ideal der Propheten zu verwirklichen, wo Ausdrücke wie Gleichheit und Brüderlichkeit nicht nur leere und schöne Wahlschlagwörter sind.

Zweifelsohne musste eine solche humanitäre Revolution im verheißenen Land Gestalt annehmen; zweifelsohne musste sie der Hand jüdischer Bauern entspringen durch Menschen, die wegen jahrhundertealten Gesetzen – oft kirchlichen – von der Scholle und dem edlen Werk seiner Bearbeitung verbannt waren. Biblische Zitate tauchen spontan im Geist des zionistischen Pastors auf:

»Sie werden Reben pflanzen und ihren Wein trinken. Sie werden Weinberge anlegen und seine Früchte essen... Sie werden in Frieden leben... jeder bei seinen Reben und unter seinem Feigenbaum... und sie werden niemals mehr von ihrer Erde vertrieben!«

*

In seinem Londoner Ruhestand geht William Hechler dem siebzigsten Lebensjahr entgegen. Er hält sich gerade, führt ein spartanisches Leben, erstaunt immer und bringt oft zum Lachen. Er steht mit der Sonne auf, zündet seine zwei Kerzen an – die zwei Kerzen, die seit seinen Studienjahren für ihn Licht und Heizung sind, sogar im Winter...

Er trägt keine Brille und hat seinen wenigen Vertrauten gestanden, er habe früher als junger Erzieher eine getragen, doch habe er diese auf einem Spaziergang mit Friedrich von Baden im Wald verloren und daraufhin beschlossen, nie mehr eine zu tragen!

Seit dieser Zeit trägt unser Sonderling auch keine Socken mehr; er hat etwas Besseres entdeckt als diese abscheulichen Dinger, die man fortwährend wechseln und waschen muss! Viel bequemer und viel wärmer sind die Zeitungsseiten der täglichen »Times«. Er erlaubt sich dies, weil die ehrenwerten Damen und Lords, Prinzen und Bischöfe, die ihn zu empfangen pflegen, die Sache ohnehin nie bemerken.

Er isst sozusagen kaum und scheint von Toast und Tee zu leben. Wenn er etwas mit einem erstaunlichen Appetit zu jeder Tages- und Nachtzeit verschlingt, so sind es die Bücher, die ihn, aufgestapelt in seinem Studio, vor eintretenden Besuchern verbergen. Nur er selber findet sich auf diesem Werkplatz zurecht, wo ihm indessen stets der Platz fehlt, um mit einiger Bequemlichkeit seine Karten und Vertragswerke ausbreiten zu können. Er hat auch sein altes Harmonium, das den zunehmend aktuellen Klängen der zionistischen Hymne nicht mehr gerecht geworden ist, versetzt. Am Ende seines Lebens besitzt er mehr als tausend in allen Sprachen und Dialekten geschriebene Bibeln, für die er einen ungewöhnlichen Stapelraum gefunden hat (denn schließlich muss ja auch noch etwas Platz für das Bett und andere unentbehrliche Möbel übrigbleiben). In der Tat, als er 1898 durch seinen Kollegen Dryander in Berlin vernommen hatte, der Kaiser plane eine Reise nach Palästina, schrieb er an die Reiseagentur Cook, welche schließlich vom Kaiser mit der Organisation beauftragt wurde. Cook hatte danach Hechler informiert, sie würde ihm dafür als Anerkennung gerne eine Kreuzfahrt nach Palästina schenken. »Vielen Dank!« hatte Hechler aus Jerusalem geantwortet, »ich war soeben da, und wenn ich unterwegs bin, dann ausschließlich im Dienst von Dr. Herzl – keine Zeit für müßiggängerische Kreuzfahrten –, aber wenn Sie mir einen Ort finden könnten, wo ich meine Hunderte von Bibeln unterbringen könnte, die drauf und dran sind, mich aus meinem Studio zu verbannen – sehr gerne!« So wurde Cook bis zum Tode Hechlers der freiwillige Hüter dieser Fülle heiliger Schriften.

Die pastoralen Finanzen waren von jeher sehr prekär. Der Mann verstand nie etwas anderes zu berechnen als die Geschichtsabläufe anhand der biblischen Propheten. Die Bücher, die Hilfswerke, eine Menge missionarischer Gesellschaften weltweit hatten regelmäßig schon zum Voraus sein monatliches Budget als Botschaftskaplan zum Erliegen gebracht; sein bescheidenes Ruhegehalt verbesserte die Situation auch nicht. Damit lebte der Pastor noch weitere zwanzig Jahre in Armut, ohne sie zu zeigen und natürlich ohne sich darüber zu beklagen. Wenn er sich durchschlägt, ist es dank seiner »Gasttage«, die er beibehalten hat, besonders bei seinen jüdischen Freunden, vornehmlich bei der Familie des Großrabbiners Gaster und jener des Juristen Herbert Bentwich.

Diese Armut kann indes die zionistischen Vertrauten nicht täuschen, die, Herzls Wunsch entsprechend, seinen treuen Freund nicht zu vergessen, bei der zionistischen Organisation eine Pension von monatlich zehn Pfund Sterling erwirken. Dies nimmt Hechler entgegen, nicht weil er glaubt, irgendwelche jüdische Dankbarkeit zu verdienen, sondern aus zwei anderen Gründen: erstens dem Willen seines verstorbenen Freundes nachzukommen und zweitens, weil »jeder Arbeiter seinen Lohn verdient«, denn bis zu seinem Tod betrachtete er sich als im verordneten Dienst für die Sache Zions.

*

Im September 1913 beschließt der elfte Kongress die Gründung einer Hebräischen Universität in Jerusalem (deren Grundstein aus verständlichen Gründen erst 1918 in Anwesenheit Lord Balfours gelegt werden wird). Dieser Entschluss macht Hechler überglücklich, sieht er doch darin die Quelle zukünftiger israelischer Genies im Dienste Zions, aber auch im Dienst der arabischen Nachbarn (ein Licht für die Völker). Einige Monate zuvor hatte er sich in London dem wandernden Botschafter des zionistischen Kongresses, Nahum Sokolov, zur Verfügung gestellt. Für ihn, wie zuvor für den verstorbenen Fürsten, unternimmt er zahlreiche Schritte beim Foreign Office (Außenministerium) und der hohen anglikanischen Geistlichkeit. Doch mit Verstreichen der Jahre werden die Freunde in hohen Positionen immer weniger. Bald wird er ganz einsam sein, sodass es bei den Kongressen, denen er mit »religiösem Eifer« beiwohnt, mehr und mehr vorkommt, dass die Delegierten fragen, wer denn dieser ehrwürdige Rabbiner sei.

In den letzten Wochen des Jahres 1913 finden wir Hechler in Griechenland bei einer der Prinzessinnen, die seine Schülerin gewesen ist. Der Grund seiner Reise besteht aber vorwiegend darin, dem fiebergeschüttelten Balkan den Puls zu messen. Diese Region Europas ist ein permanenter »Krabbenkorb«. Die Jungtürken sind in die verhängnisvolle Falle des Nationalismus gefallen und reizen die umliegenden kleinen Nationen, besonders Serbien, das von St. Petersburg unterstützt wird. 1912 schließen Serbien, Bulgarien und Griechenland den Balkanbund, dessen geheime Klauseln vorsehen, den Bulgaren Konstantinopel zuzuschachern und Serbien einen Zugang zur Adria zu verschaffen...

Im ersten Schlagabtausch werden die Türken, zur allgemeinen Überraschung, schnell geschlagen. Einzig die Region der Meerengen verbleibt in türkischer Hand, und Österreich lässt als Zugabe zum berühmten »Krabbenkorb« Albanien anerkennen. Die türkische Niederlage irritiert im höchsten Grad Berlin, das seinen Wiener Freund antreibt, gegen Serbien vorzugehen. Doch dieses wiederum ist der Schützling Russlands, liiert mit Frankreich, liiert mit England ...

Der Jahresanfang 1914 bringt jedoch eine merkliche Besse-

rung und, damit verbunden, eine Annäherung zwischen London und Berlin. Doch Hechler ist besorgt. Der Rüstungswettlauf, der gewaltige Umfang der nationalen Militärbudgets und besonders die nationalistischen Leidenschaften in den Ländern, die er durchquert (meist zu Fuß), täuschen seine Empfindung nicht. Er hat begriffen, dass Wien und Berlin unbedingt einen wenn immer möglich lokal begrenzten Konflikt wollten; ebenso die Türkei, die ihre Revanche sucht. »Les jeux sont faits!«
Hechler – das gleicht ihm – begibt sich nach Berlin mit der verrückten Absicht, eine Begegnung mit dem Kaiser herbeizuführen. Ist er denn nicht der Vertraute seines Onkels gewesen? Ist er denn nicht der Freund des Kaplan-Kollegen Dryander, der bei Wilhelm II. immer ein offenes Ohr findet? Noch einmal, vielleicht ein letztes Mal, die Bibel vor einem der ganz Großen dieser Welt aufschlagen, die Vereinigung der protestantischen Mächte zum Wohl Jerusalems beschwören.
So macht er sich im März 1914 von Athen nach Berlin auf den Weg, wo nötig zu Fuß – nächstes Jahr wird er 70... In der deutschen Hauptstadt kommt er, wie war es anders zu erwarten, nicht weiter als bis zum Büro Pastor Dryanders, der ihm klar zu verstehen gibt, dass es nicht in Frage kommen könne, den Kaiser mit solchem Gefasel zu belästigen. Und der alte Hechler muss mit Traurigkeit feststellen, dass dieser Kaplan selber von der Sache des deutschen Pan-Germanismus angesteckt ist, zu Ruhm und Ehre des Kaisers – und bis nach Indien wenn möglich. Ein Groß-Priester mehr im Dienst des Cäsars... Die zwei Kaplane werden sich nie mehr sehen.
Doch trifft Hechler, auf sein persönliches Begehren, Martin Buber. Dieser beunruhigt ihn stark seit ihrer langen Bahnreise, die sie zusammen am Vorabend des zweiten zionistischen Kongresses unternommen haben. Der Philosoph muss sich nun von Hechler eigenartige Prophetien anhören:

»Dr. Buber, Ihr Land wird Ihnen bald zurückgegeben werden. Bald wird eine sehr schwere Krise ausbrechen, deren Sinn es ist, die

Befreiung Ihres messianischen Jerusalems aus der Knechtschaft der Heiden zu bewirken ... Wir gehen einem Weltkrieg entgegen...«

Weltkrieg? In welchem unverständlichen Abschnitt der Apokalypse hat wohl dieser Mann mit dem Gesicht eines Weisen einen solchen Ausdruck gesucht? Ein europäischer Konflikt – wenn's sein muss, obschon sich dieser Frühling 1914 in günstigem Licht zeigt ... Wenn Martin Buber diese Geschichte erzählte, konnte er sein tiefes Erstaunen nicht verbergen. [1]

Wie oft ging ihm, nach der Ermordung des Erzherzogs in Sarajevo (wenige Wochen nach diesen rätselhaften Worten Hechlers), dieses Gespräch mit dem alten Mann durch den Sinn, Worte, durchdrungen von seiner biblischen Vision der Geschichte.
Österreich hat nun seine Gelegenheit, Serbien zu erwürgen; der Weltkrieg kann beginnen ...

*

Mit den ersten Kanonenschüssen realisiert Hechler die Naivität seines Traumes einer politischen Lösung der Palästinafrage. Die Schriften ließen auf nichts schließen, das unzweifelhaft auf die Wiedergeburt Israels durch eine liebevolle Mitwirkung der Nationen hinwies, seien sie protestantisch oder nicht.
In diesem Konflikt, in dem sich London und Berlin gegenüberstehen und die Türkei für Berlin Partei ergreift, gibt es für einen Betrachter der biblischen Literatur keinen Zweifel: Berlin wird besiegt und Konstantinopel seines mittelöstlichen Reiches beraubt werden. Jerusalem wird von den englischen, aus Ägypten heranrückenden Truppen befreit werden, und London wird das schwere und bedeutsame Vorrecht zufallen,

---

[1]) Als Buber dem Autor die Person Hechlers beschrieb, brauchte er stets den Ausdruck »Seher«.

den neuen und letzten Exodus der Kinder Israels in die Wege zu leiten. Wirklich, dieser ehrwürdige Jünger Hesekiels hat sich nur halbwegs geirrt: Die Schiffe von Tharsis würden, war einmal der Krieg beendet, die zwölf Stämme »wie in einem Traum« zurückführen können. Das ist die Botschaft, die der Pastor im Ruhestand während dieses schrecklichen Konflikts allen seinen jüdischen und christlichen Freunden predigt – bis hinein in die dunkelsten Stunden dieses Mordens, das im Schreckensjahr 1917 wirklich zum Weltkrieg ausartet...

Von nun an heißt es für Hechler erneut, zur Zubereitung des Bodens beizutragen, soweit es seine bescheidene Stellung noch erlaubt: Den Erzbischof, die wenigen befreundeten Bischöfe und hohen Beamten hier und dort warnend auf dem Laufenden halten und insbesondere die Zionistenführer zu ermutigen, die, durch den Krieg bedingt, sich in zwei feindlichen Lagern wiederfinden! Die Brücken zwischen den Zionisten deutscher Sprache und jenen englischer Sprache brechen entzwei – Kongresse sind nicht mehr möglich, solange dieser Konflikt andauern wird. Hechler verfehlt nicht, die schmerzliche Schlussfolgerung ins Feld zu führen: »Liebe jüdische Freunde! Wie ihr mit Bitterkeit feststellt, zwingt euch der Irrsinn der europäischen Politik gegenseitig Krieg zu führen. Ein Zeichen mehr, nach dem verheißenen Land zu blicken, wo niemand mehr die Kinder Israels zwingen kann, sich zu bekämpfen...«

*

Der Judaismus ist eine Macht in der Welt, das ist unleugbar. Die beiden Lager wetteifern in ihren Anstrengungen (und Versprechungen), um jenen Teil des Judaismus, der nicht direkt am Konflikt beteiligt ist, in ihr Lager zu ziehen; besonders den amerikanischen, aber auch, wie wir erstaunt feststellen, den russischen.

Drei politisch motivierte Gründe bewegen London, die zionistischen Ansprüche nun ebenfalls tatkräftig zu unterstützen:

1. Deutschland die Indienroute zu unterbinden.
2. Sich in Mittelost dauerhaft festzusetzen, um Ägypten durch den Pufferstaat Palästina zu schützen.
3. Ein Wüstenland ohne großen Aufwand für die britische Schatzkammer fruchtbar zu machen, da die zionistischen Juden bereits in diesem Sinn am Werk sind ...

So, denkt Hechler, werden die Nationen angehalten, den Willen Gottes in Seiner Geschichte, der Geschichte Israels, zu vollziehen ...

Am 22. November 1915 entdeckt Hechler beim Lesen des »Manchester Guardian« einen Leitartikel, der verlangt, Palästina sei in einen jüdischen Staat umzuwandeln – im Sinn der soeben angeführten Gründe. Der Pastor beeilt sich, der Redaktion einen langen Brief zu schreiben, in welchem er einen vierten Grund darlegt, den wichtigsten von allen, belegt durch zahlreiche biblische Stellen.

Dabei handelt es sich darum, Deutschland, welches anscheinend eine »zionistische« Erklärung vorbereiten soll, zuvorzukommen, wo man schon von Zusammenkünften deutscher Diplomaten mit gewissen hoch gestellten jüdischen Persönlichkeiten in der Schweiz und Holland spricht ...

Schließlich verliert auch Frankreich seinerseits keine Zeit und träumt allen Ernstes wieder von den glorreichen Zeiten der Kreuzzüge! London weiß sehr wohl, dass die Verbündeten von heute die Gegenspieler von morgen sind, hat es doch aus dem Mund von Hr. Picot vernommen, die Ansprüche Frankreichs würden beim Verteilen der türkischen Beute »ganz Syrien bis zur ägyptischen Grenze« umfassen. London nimmt davon Kenntnis und sagt sich, ein jüdischer Staat – kein richtiger, aber doch ein »Protektorat« – wäre ein feiner Trick, die Verbündeten auszuspielen, die sich immer noch als die »Hüter der heiligen Stätten« aufspielen ...

Als es in den Augen aller offensichtlich wird, dass der russische Verbündete auf seiner tief verschneiten Feste gefährlich zu wanken beginnt, erinnert man sich der sechshunderttausend Juden, die in seinen Armeen dienen, und stellt fest, dass die »psychologischen« Dienststellen (schon damals) der deutschen Armee über den russischen Linien Traktate ungefähr folgenden Inhalts abwerfen:

»Der wuchtige Vormarsch unserer Armeen zwingt die despotische russische Regierung zum Rückzug. Unsere Fahnen bringen euch soziale und religiöse Freiheit. Erinnert euch an Kichineff und der Hunderten anderern Pogrome! Erhebt euch wie EIN Mann und helft der heiligen Sache...! Teilt unseren Sieg der Gerechtigkeit und Freiheit...!«

London ist gezwungen, Berlin an diesem Jahresende 1917 in der Palästinafrage endgültig zu überholen angesichts des geschlagenen russischen Verbündeten und der damit frei werdenden zahlreichen feindlichen Divisionen.

Die zionistischen Führer werden zu Rate gezogen; man bittet sie, ihre Wünsche vorzubringen! Man will mit einem Schlag die alliierten und auch die russischen Juden (von denen man sagt, ein großer Teil sitze in den Reihen der Kommunisten) zufrieden stellen, sofern sich die Sache mit ein und demselben Schritt erreichen lässt.

Was aber die Zionisten nicht zu wissen bekommen – und dies hat seinen guten Grund –, ist die Tatsache, dass das britische Hauptquartier in Ägypten Sheriff Hussein wundervolle Versprechungen gemacht hat, indem ihm nach erfolgreichem Abschluss des Feldzuges ganz Syrien in Aussicht gestellt worden ist. Die hohe Generalität hat dabei fortwährend die arabische Waffenhilfe im Konflikt gegen die Türken weit überschätzt. So muss man zugeben, dass 1919 vorwiegend Hussein die größten Fische an Land gezogen hat als Gegenleistung für einige vom berühmten Lawrence geschickt inszenierte arabische Kavallerieangriffe. Um diesen zu zitieren:

»... nur diese Goldflut (elf Millionen Gold-Pfund) hat das Wunder vollbringen können, während ein paar Monaten diesen Klüngel

von Klans im Feld zu halten ... Diese Männer waren Erbfeinde aus dreißig verschiedenen Stämmen. Ohne meine Gegenwart hätten sie sich täglich massakriert ...«

Noch nie hatten Menschen so viel bekommen, um nichts zu geben. Wie dem auch sei, am 2. November 1917 empfängt Lord Rothschild folgenden Brief, unterzeichnet von Arthur James Balfour:

»Ich habe die große Freude, Ihnen im Auftrag der Regierung Seiner Majestät die folgende, mit den zionistischen Bestrebungen gleich laufende Deklaration zuzustellen; sie wurde dem Kabinett unterbreitet und von diesem gutgeheißen: Die Regierung Seiner Majestät beabsichtigt wohlwollend die Einrichtung einer nationalen jüdischen Heimstätte in Palästina und wird dazu ihre volle Kraft entfalten, um die Realisierung dieses Ziels zu erleichtern – wobei verständlicherweise nichts unternommen werden wird, was den nicht-jüdischen Gemeinschaften in Palästina sowie dem Rechtsstatut, das die Juden in andern Ländern genießen könnten, zum Nachteil gereichen könnte. Ich wäre Ihnen sehr verbunden, diese Erklärung dem jüdischen Bund zur Kenntnis zu bringen.«

Hechler vermerkt sogleich die eigenartige, doppelsinnige Formulierung der britischen Versprechung, die er weit weniger zufrieden stellend findet als die, welche Abraham gemacht worden ist. Was soll im diplomatischem Jargon dieser neue Ausdruck »nationale Heimstätte« heißen? Warum nicht Staat?
Hechler selber hat auch keine Kenntnis von den geheimen Abmachungen »MacMahon-Hussein« – deshalb hat er volles Vertrauen zu London und freut sich von ganzem Herzen. Dann fällt einige Tage später – ist dies nicht ein Zeichen mehr! – Jerusalem wie durch ein Wunder ohne jeglichen Widerstand und eröffnet damit das prophetische Zeitalter, wo die Heiden aufhören, den Boden der Stadt Davids mit Füßen zu treten, wie es Christus selber prophezeit hat. Eine christliche

Fahne weht über Jerusalem als Vorzeichen jener von Israel.
Wie unser Freund doch versucht ist, die Stunde der Wiederkehr Christi berechnen zu wollen! Indes ist er klug genug zu realisieren, dass er dann nicht mehr auf dieser Welt sein wird.
Wenn es dem ungekrönten Fürsten nicht vergönnt war, die Geburtsstunde der Balfour-Deklaration zu erleben, wie sollte es ihm, William Hechler, vergönnt sein, jene der Rückkehr des Retters auf die Erden zu sehen...?
Ein besonderer Aspekt des Zionismus liegt Hechler besonders am Herzen: die jüdisch-arabische Freundschaft. Als er seinerzeit Herzl ins Heilige Land begleitet hat, war der Pastor lebhaft interessiert an den allgemein guten Beziehungen, die zwischen den zionistischen Pionieren und den arabischen Fellachen bestanden. Diese begannen dank ihrer jüdischen Neffen eine Möglichkeit zu sehen, aus ihrer jahrhundertealten Knechtschaft der Großgrundbesitzer auszubrechen, die weit entfernt im Luxus ihrer libanesischen (oder anderer) Güter lebten. Hechler war dem Schriftsteller Farid Kassab begegnet, der ihm sein Werk mit dem Titel ›Das neue arabische Reich, die römische Kurie und die angebliche jüdische Weltbedrohung‹ geschenkt hatte, in welchem unter anderem gesagt wird:

»*Palästina ist jüdisches Land, ihre einzige Heimat, sie haben keine andere...*«

Einer der Vertrauten Hechlers in London, der Groß-Rabbiner Gaster, hatte ihm gegenüber mehrmals wiederholt, er kenne palästinensische Scheiks, die sich über die Ankunft der zionistischen Siedler freuten. Sie waren in der Tat überzeugt, dass mit ihnen auch die »barakat«, die Segnungen, ins biblische Land heimkehren würden, hatten doch gleichzeitig mit ihrer Rückkehr auch die Regenfälle wieder eingesetzt! So ließ eigentlich alles eine schöne jüdisch-arabische Brüderlickeit voraussehen gemäß den erstaunlichen Prophetien Jesajas (Ende des Kapitels 19).

*

Am 12. Dezember 1918 erschien in der »Times« ein Aufsehen erregendes Interview mit Emir Faisal. Davon hier ein zentraler Ausschnitt:

»Die Araber und die Juden, die zwei hauptsächlichsten Zweige der semitischen Familie, verstehen sich vorzüglich.
Ich hoffe, dass nach den Friedensverhandlungen, basierend auf dem Prinzip der Nationalitäten und dem Recht der Völker auf Selbstbestimmung ... jede Nation in ihren Erwartungen vorankommen wird. Die Araber sind nicht missgünstig. Sie wollen die Anstrengungen der jüdischen Zionisten nicht behindern und sich bemühen, ihnen gegenüber loyal zu verfahren; diese haben den arabischen Nationalisten gegenüber erklärt, ihrerseits deren eigene Rechte nicht anzutasten.
Die Türken hatten mittels allerlei Intrigen Eifersucht zwischen jüdischen Siedlern und arabischen Bauern entfacht. Aber das Verständnis für die gegenseitigen nationalen Rechte wird die letzten Spuren dieser Bitterkeit auswischen, die übrigens schon vor Ende des Krieges dank den Bemühungen des geheimen arabischen Revolutionsausschusses beinahe vergessen waren ...«

Hechler wird Anfang 1919 in der folgenden Erklärung eine neue Quelle zur Freude finden:

»Seine königliche Hoheit Emir Faisal, Vertreter und Bevollmächtigter des arabischen Königreichs Hedjaz, und Dr. Haim Weizmann, Vertreter der jüdischen Organisation und von dieser bevollmächtigt, in Berücksichtigung ihrer Rassenverwandtschaft und den von alters her bestehenden Banden zwischen den arabischen Nationen und dem jüdischen Volk – im Einvernehmen, dass der beste Weg zur Verwirklichung ihrer gegenseitigen nationalen Ansprüche darin besteht, eine möglichst enge Zusammenarbeit bei der Entwicklung des arabischen Staates und Palästinas herzustellen – und auch mit dem Wunsch, das gute gegenseitige Verständnis zu festigen, haben Folgendes beschlossen: (...)

Artikel IV – Es werden alle nötigen Vorkehrungen getroffen, die jüdische Immigration in Palästina in großem Maßstab zu ermutigen und anzuspornen und diese Immigranten in kürzester Frist in ihrem Territorium einzurichten dank einer konzentrierten Ansiedlung und einer intensiven Bearbeitung des Bodens... (...)

Artikel VII – Die Zionistische Organisation beantragt, eine Expertenkommission nach Palästina zu entsenden mit dem Auftrag, ein Gesamtbild der ökonomischen Möglichkeiten zu erarbeiten und einen Rapport der besten Mittel zur Entwicklung des Territoriums zu erstellen. Sie wird diese Kommission auch dem arabischen Staat zur Verfügung stellen ... sie wird jede mögliche Anstrengung unternehmen, dem arabischen Staat zu helfen, die unabdingbaren Mittel im Hinblick auf die Entwicklung seiner natürlichen Reichtümer und ökonomischen Möglichkeiten zu beschaffen ...«

Schließlich, am 3. März 1919, in einem Brief Faisals an die zionistische Delegation anlässlich der Eröffnung der Friedenskonferenz:

»Wir sind überzeugt, dass Araber und Juden eine sehr nahe Rassenverwandtschaft aufweisen und beide von ihnen überlegenen Mächten Verfolgungen zu erleiden hatten... Wir möchten den Juden unsere herzlichsten Willkommenswünsche zu ihrer Rückkehr in die Heimat ausrichten... Es gibt in Palästina genug Platz für beide Völker. Ich glaube, dass jeder den andern braucht und seine Unterstützung nötig hat, um zu einem echten Erfolg zu kommen...«

Ja wirklich, alles hatte so wunderbar begonnen...
Doch es geschah Folgendes: Im April 1920 brechen in der Altstadt von Jerusalem Massaker aus, als fanatisierte arabische Banden mit dem Schrei »Die Regierung mit uns!« auf die jüdische Bevölkerung losgehen – bis hinein ins Spital. Die englische Polizei greift ein, aber nur um die jüdische Polizei daran zu hindern, die Ihren zu schützen! Die englische Militärregie-

rung weigert sich, eine jüdische Delegation zu empfangen, und kerkert alle Juden ein, die versuchen, sich mit irgendeiner Waffe zu verteidigen.
Bilanz: sechzig Tote und mehrere hundert Verletzte, Hunderte Heimstätten zerstört oder schwer beschädigt, darunter das Spital. Gleichzeitig finden in Galiläa und in Jaffa ebensolche Unruhen statt. Der tapfere Chef der jüdischen Miliz, Vladimir Jabotinski, ehemaliger Offizier Seiner Majestät – nachdem er zuvor Offizier des Zaren gewesen war –, wird zu fünfzehn Jahren Haft verurteilt. Die Mörder aber werden laufen gelassen. Was hat sich abgespielt?
Diese Frage hat sich sogar die britische Regierung in London gestellt, die gut spürt, dass ihr das Palästina-Mandat entgleiten könnte ... zugunsten Frankreichs, wie es eine starke zionistische Minderheit verlangt. Hechler will es nicht wahrhaben, dass in einem von Britannien beherrschten Jerusalem ein Pogrom zum Ausbruch kommen konnte.
Der Einmarsch der Alliierten in Jerusalem am 9. Dezember 1917 unter dem Kommando General Allenbys fiel genau mit dem jüdischen Fest des Lichtes (dem Chanukka der Makkabäer-Brüder) zusammen. Das war für viele mehr als ein Zeichen ...
Aber die britische Armee ließ durch ihren Generalstab verlauten, die Balfour-Deklaration sei in ihren Augen ein sehr bedauernswerter Irrtum. Tatsächlich wurde während der drei Jahre der provisorischen Militärregierung überhaupt kein Hinweis auf diese Deklaration gemacht – die britischen Generäle und hohen Offiziere handelten stillschweigend und einvernehmlich mit dem in Kairo stationierten Oberkommando, das sich energisch einer jüdischen Autonomie in diesem vom Kolonialministerium beanspruchten »Banngebiet« Mittelost entgegenstellte.
Wie die Armee betrachteten auch die hohen (Kolonial-) Beamten die jüdischen Pioniere als »verkappte Bolschewiken«, die den heimlichen Wunsch nährten, am Fall des Imperiums zu arbeiten! General Moyne, Befehlshaber in Kairo, ließ jedem

verlauten, der es hören wollte, die Balfour-Deklaration sei in seinen Augen ein ziviler Unsinn, und er sei noch niemandem begegnet, der ihm hätte erklären können, was sie zu bedeuten habe. In diesem Sinne wurde seit 1918 in ganz Palästina bekanntgemacht, Hebräisch sei keine offizielle Sprache, und die jüdischen Delegationen hätten sich in Englisch oder Arabisch an die administrative Oberhoheit zu wenden. Zahlreiche Offiziere spotteten wiederholt, dass »das Verschaukeln von Juden mit schönen Versprechungen seit Jahrhunderten ein königlicher Sport gewesen sei ...«
Dr. Nordau, ein treuer Jünger Herzls, forderte die Zionistenführer inständig auf, sofort 500 000 Immigranten nach Palästina zu entsenden. »Denn«, so sagte er,

»Sie haben, meine Herren, die Balfour-Deklaration, aber Sie kennen die englische Politik nicht!«

Zur selben Zeit löste Allenby die jüdische Legion auf, deren Einsatz in den letzten Monaten des Feldzuges gegen die Türken ausschlaggebend gewesen war, und verbot den Verkauf von Boden in größerem Rahmen an jüdische Pioniere und Immigranten. Ein Hinweis mehr (unter anderen) über die antizionistische Mentalität der Militärs: Anlässlich einer Schulfeier wurde auch die zionistische Hymne gespielt (nicht jene Hechlers); Lord Moyne und der ganze englische Generalstab blieben herausfordernd auf ihren Plätzen sitzen, während sich die ganze Versammlung erhoben hatte; kein zionistischer Führer nahm die Beleidigung auf. Man hätte sich die Reaktionen eines Herzl wohl vorstellen können...!
Schließlich noch als Hintergrunddekor: Die englischen Generäle taten ihr Bestes, die Franzosen aus Syrien auszuweisen, und schürten Revolten in Damaskus ...
Man muss es sagen, denn es ist die schmutzige Wahrheit: Das Pogrom von Jerusalem wurde vom englischen Oberkommando in Szene gesetzt. Das Ziel war einfach und klassisch für

alle Kolonialpolitik: zwei ethnische Gruppen durch bezahlte Mörder gegeneinander aufhetzen. Damit konnte in diesem Fall dem Völkerbund gleich zu Anfang klargemacht werden, dass eine nationale jüdische Heimstätte ein »bedauerlicher Irrtum« und total unrealisierbar war und es sich von daher aufdrängte, Palästina in der Obhut des Kolonialministeriums zu belassen.
Das alles musste Hechler mit Bitterkeit und innerer Empörung zur Kenntnis nehmen. Armer William, der bis zu seinem Tode die Augen auf Jerusalem gerichtet hatte – und der fortschreitenden Entwürdigung dessen beiwohnen musste, was so einfach und erhebend begonnen hatte.
Glücklicher Freund Herzl, der du dem Pogrom in deinem Jerusalem nicht mehr beiwohnen musstest! Doch wenn der Autor von »Altneuland« noch gelebt hätte, einen Ausdruck der Balfour-Deklaration hätte er wahrscheinlich niemals angenommen: »Nationale jüdische Heimstätte.«

*

Hechler muss sich eingestehen, dass er seine Propheten ungenau gelesen hat. Er macht sich also daran, sie erneut zu lesen, im Licht der Ereignisse in Palästina.
Mitgerissen von seiner Begeisterung, seinem Patriotismus, seiner Aufrichtigkeit und, sagen wir es, seinem guten protestantischen Gewissen, hat er geglaubt, dass Engländer – Militärs oder nicht – nur ihrem Wort verpflichtet sein konnten, das sie angesichts der Nationen und Jerusalems und vor Gott gegeben hatten. Er realisierte bald, dass die Botschaft der hebräischen Propheten keine möglichen Illusionen aufkommen lässt, was die Zuneigung der Nationen gegenüber Jerusalem und seinem Volk betrifft. Seit einem gewissen Völkermord Pharaos haben die Großen der hohen Politik in Beziehung zur Stadt Davids stets nur Pläne der Besetzung und Unterwerfung verfolgt. Gewiss, mit Ausnahme eines Kyros von Zeit zu Zeit – einer pro Jahrtausend...

*

Wer ist denn dieses Volk, das als Sklave in Ägypten, Babylon, Athen, Rom und schließlich Sklave eines christlich-imperialistischen Regimes sich weigert, sich in Sklaverei und Exil zu gefallen?

Wer ist dieses Volk, das durch Jahrhunderte dieses Land gefordert hat, das es – welch Herausforderung für die Geschichtsprofessoren – »verheißenes Land« nennt? Ein Land übrigens, das großartig am Schneidepunkt dreier Kontinente liegt, fruchtbar und privilegiert im Kreis der andern in diesem gesamten fruchtbaren Halbmond?

Wer endlich ist dieses Volk, das sich weigert, seine Knie vor den »erhabenen« Göttern von Memphis, Babylon und Rom zu beugen? Vor den steifen Dogmen der neuen »Doktoren des Gesetzes« der christlichen Welt? Dieses Volk, das sich erlaubt, seit so vielen Jahrhunderten wahrhaft subversive kommunistische Ideen von Gleichheit und Menschenwürde zu verbreiten? Dieses Volk, das behauptet – und das ist nun wirklich der Gipfel –, eng mit dem Heil dieser Welt verbunden zu sein... Als ob sich die Tyrannen und Diener Mammons für das Heil der Welt interessieren würden!

Dieses Volk, das durch seine Propheten behauptet, dieser Welt einen Erlöser hervorzubringen, der die Nationen und ihre Führer richten und – hört, hört! – auf den Wolken daherkommen soll ... Über wen macht man sich denn da lächerlich!?

Ein jüdischer König, der eines Tages in seinem Jerusalem die Cäsaren, Konstantin und wahrscheinlich auch Ihre Britische Majestät richten soll?

Verdient denn solcher Hochmut nicht von Zeit zu Zeit ein kleineres Pogrom, um dieses abscheuliche Volk in die Realität seines schwachen Standes zurückzuholen, in eine Unterwürfigkeit, wie sie sich gehört?

Dieses Volk, das sich weigert, in den Schoß eines triumphierenden Christentums zurückzukehren, eines Christentums, das sich so überheblich über gewisse »jüdische« Lehren, die man Jesus und den Aposteln zuschreibt, ... erhoben hat. Dieses Volk, das sich weigert, sich weinend in die Arme des »Heiligen Vaters« zu werfen, in die Arme der »Heiligen Synode« oder der anglikanischen Kathedralen!

Diesem Volk also sollte man das Heilige Land auf dem silbernen Teller darbieten!? Es möge sich zuvor konvertieren, wie jener gute Papst es sagte. Danach möge es erlaubt sein, ihre nationalistischen und fleischlichen Ansprüche ins Auge zu fassen...

Dies entdeckt William Hechler beim neuerlichen Lesen der alten biblischen Gefährten – mit 75 Jahren und im blutigen Licht eines palästinensischen Pogroms.

So wohnt er am 24. Juli 1922 in London ohne Begeisterung und erfüllt mit unheilvollen Vorahnungen der Ratifikation des Palästina-Mandates unter britischer Oberhoheit bei.

Umso mehr als es sich nicht mehr um das biblische und messianische Palästina handelt: Die Herren in Kairo und im Kolonialministerium hatten es fertig gebracht, die naiven Kartenwerke dieses zionistischen Pastors sehr spürbar zu »verändern«.

Was war wiederum vorgefallen?

*

Unter den Ratifikationbestimmungen durch den Völkerbund taucht ein Paragraph 25 auf, der Hechler nicht entgangen ist:

»*In den Territorien zwischen dem Jordan und der Ostgrenze Palästinas, wie sie noch endgültig festgelegt werden muss, hat der Bevollmächtigte (das Kolonialministerium) die Möglichkeit, mit Einverständnis des Rates die Anwendung der Vereinbarungen des vorliegenden Mandates aufzuschieben oder ganz aufzuheben, wenn er dies aus Gründen der vorherrschenden lokalen Bedingungen als nötig erachtet...*«

Es ist vollkommen klar, dass Herzl eine solche Klausel niemals angenommen hätte, eine Klausel, die kurzerhand eine mögliche Zertrennung des Heiligen Landes beschließt. In der Tat wurden dem jüdischen Nationalfonds seit 1920 nicht weniger

als 75 000 km² Land abgestrichen – und wie per Zufall vom fruchtbarsten ...
Als er von dieser Verstümmelung vernimmt, schickt US-Präsident Wilson – er ist ein aufrichtiger Jünger der Bibel und sich der Unteilbarkeit Palästinas wohl bewusst – die folgende Nachricht nach London:

»Die zionistische Sache ist an die Sicherheit der biblischen Grenzen gebunden; sie bezweckt eine gute wirtschaftliche Entwicklung des Landes. Das bedeutet, dass Palästina im Norden bis zum Fluss Litani und den Quellen am Hermon reichen und im Osten die Ebenen des Jaulon und des Hauran einschließen muss. Andererseits stünden wir vor einem Fall von Verstümmelung ... Ich möchte Ihnen in Erinnerung rufen, dass weder Washington noch Paris irgendwelchen Einwand gegen den zionistischen Plan oder die Berücksichtigung der unabdingbaren biblischen Grenzen vorgebracht haben ...«

Doch diese Manipulation Londons verankerte in Transjordanien, im Herzen des Mittleren Ostens, eine solide Basis für den »bedauerlichen« Fall, dass es den Juden trotz allem gelingen sollte, einen eigenen Staat zu erhalten. Später wird Transjordanien zum einzigen Land werden, das jegliche jüdische Einwanderung verbietet – »judenrein« gemäß dem schönen Schlagwort der Nazis ... Demgegenüber werden sich zwischen 1921 und 1931 110 000 Araber völlig frei in Palästina niederlassen, während dessen jeder jüdische Immigrant vielerlei finanzielle und andere Garantien vorweisen muss; und dies vorausblickend auf die Zeit, in der ein gewisser General Glubb..., sich einen Deut um die Vereinten Nationen scherend, das jüdische Jerusalem bombardieren wird – von Basen der heiligen Stätten seines Christentums aus!
Man erkennt hier die Skrupellosigkeit dieser ersten Teilung. Es bedurfte wahrlich eines fortwährend die jüdischen Propheten zitierenden Wilson, um sich der Sache zu widersetzen!

*

Einer der Freunde Hechlers aus seiner Londoner Zeit, Leo Lauterbach, hat uns sein Erstaunen bekundet über die Zurückhaltung des alten Pastors, zu politischen Fragen Stellung zu beziehen.
Es scheint uns indes, dass dieser, der während 40 Jahren sein biblisch-zionistisches Ideal auf eine englisch-deutsche »protestantische« Politik aufgebaut hatte, dass dieser so autoritätsrespektierende Mann nur in einem seiner Bitterkeit angemessenen Stillschweigen verharren konnte. Es ist hart, mit 75 Jahren feststellen zu müssen, dass man in seinem ganzen Leben wie ein Kind geurteilt hat; es ist schwer, in diesem Alter zu erkennen, dass der deutsche Kaiser, der die Macht besessen hätte, für Israel die Tore Jerusalems aufzuschließen, nur ein kriegerischer Neurotiker und Heuchler war; es ist traurig, in diesem patriarchalischen Alter der Weisheit feststellen zu müssen, dass die Regierung Seiner anglikanischen Majestät, bestehend aus bibelfesten Männern, die biblischen Verheißungen mit ausgesprochenem Zynismus weit hinter die andern Interessen stellt, die man in der geistlichen Hirtensprache als gierigen Eigennutz bezeichnen möchte.
Hechler ist nicht einer, der sein Land anklagt oder verleugnet; er zieht es vor, zu schweigen und lautlos zu leiden – und zurückzukehren in die Schule der Propheten. Und was er da entdeckt, ermutigt ihn noch mehr, Stillschweigen zu bewahren...

*

Hechler versteht endlich die unerbittliche Gegensätzlichkeit zwischen Israel und den Nationen. Israel wird sich eines Tages erheben, aber im Blut. Der klassische Ausdruck »gegen Jerusalem ziehen«, der sich auf alle Nationen bezieht, muss nicht unbedingt ein Kriegszug in Waffen bedeuten. Er kann ebenso eine Reihe subtiler Ränke einschließen mit der Absicht, Jerusalem niederzuhalten und daran zu hindern, die Hauptstadt Israels zu werden.

Das unselige Getriebe der gekauften arabischen Meuchelmörder, die zehnmal mehr arabische Freunde des Zionismus umbringen als zionistische Pioniere selber, ist in Bewegung gekommen – es kann nur in einen gewalttätigen und schnell geführten Konflikt führen. Hechler weiß nun, dass er die prophetische Unabhängigkeit des Landes nicht mehr erleben wird und dass die Wiederkunft Christi (wie schlecht er doch Zacharias gelesen hatte!) nicht die feierliche und friedliche Aufrichtung einer versöhnten Welt bedeutet, sondern dass sie das letzte Eingreifen Gottes ist, wenn Er, in extremis, die Zerstörung Israels und vielleicht der ganzen Erde verhindern wird ...

*

Der sanfte William Hechler hat sich vorgestellt, die ganze Londoner Regierung würde den Staat Israel mit der Bibel in der Hand und Tränen in den Augen begrüßen, begleitet von einem die Osterpsalmen singenden Generalstab...!
Die Mächtigen bezeugen manchmal ihre Frömmigkeit am Sonntagmorgen oder in einem ruhmvollen Te Deum. Sie verachten es nicht, auf diese Weise Gott an ihrer Seite zu haben oder auch seinen Namen auf die Leibgurten ihrer Militärs zu gravieren. Damit aber erschöpfen sich ihre guten Gefühle. Die Kolonialministerien sind da, versteht sich doch, um die Eingeborenen unter ihren Burnussen tüchtig ins Schwitzen zu bringen. Was die Militärs betrifft, besteht ihre Rolle sicher darin, von Zeit zu Zeit die Maschinengewehre sprechen zu lassen, inbesondere aber darüber zu wachen, dass die Zivilisten, denen sie unterstehen, nicht mystischen Träumereien verfallen.
Komm, Hechler! Durchforsche weiter deine Bibel beim Licht der Kerzen und die Füße in einigen Seiten der »Times« schön warm gehalten. Halte hoch die Fahne Herzls und bleibe seinem geistlichen Testament treu und predige deinen jüdischen Freunden die Rückkehr nach Zion!
Doch du, Herr, weißt, dass es nicht einfach ist – dass diese viel mehr ihrem »goldenen Exil« verbunden sind als einem

zukünftigen Jerusalem. Sicher, man tut sein Bestes, seine armen Vettern hinüberzuschicken, sie, die glücklich sind, den Pogromen entflohen zu sein. Man macht gerne ab und zu eine großzügige Spende, und übrigens: Ist man, ein gewichtiges Detail, nicht durch die beruhigenden Klauseln der berühmten Balfour-Deklaration gedeckt? Und dank der guten Dienste einiger hoch gestellter englischer Juden wie Sir Montagu (welcher seinen Ministerrang als unvereinbar betrachtet mit dem Begriff »jüdische Heimat«), der so darauf bestanden hat, dass diese Deklaration den Ausdruck ›Staat‹ oder ›garantierte Unabhängigkeit‹ nicht erwähnen dürfe ...!

In London selber gab es aber auch welche, die sich von der Aufgabe, das Land der Väter wiederzugewinnen, berühren ließen; dies war der Fall bei mehreren Kindern von Herbert und Suzanne Bentwich, bei denen Hechler regelmäßig zu Gast war. Diese Vorbilder ließen den Greis hoffen, eine bedeutende Versammlung der zwölf zerstreuten Stämme im verheißenen Land noch erleben zu dürfen – eine Sammlung von Menschen, die nicht vor Pogromen zu fliehen hatten, sondern komfortable Existenzen zu opfern bereit waren.

*

Die Predigten des alten Pastors erstaunen niemand mehr. Man hält sie für eines seiner Steckenpferde. Sagt man nicht, er sei sehr mit Herzl verbunden gewesen, er habe ihm gewichtige Dienste geleistet und er sei an seinem Sterbebett Empfänger eines kurzen und ergreifenden Testaments gewesen? Man lässt ihn schwätzen, den achtzigjährigen Pastor, und man lächelt (manchmal war es ein gezwungenes Lächeln). Wer ihn nicht kennt, hält ihn gerne für einen Rabbiner, deren Benehmen er seit Jahrzehnten angenommen hat; umso mehr als es sich lohnt, einem Rabbiner, der zionistische Vorträge hält, zuzuhören.

*

Man sieht ihn regelmäßig am Freitagabend bei jüdischen Freunden und am Samstag in einer der Londoner Synagogen. Er liebt es, die Treuen mit einem energischen »Shabbat shalom!« zu begrüßen, besonders um des Vergnügens willen, als Antwort »Shalom rabbi!« zu bekommen.
Ist er denn nicht ein Patriarch direkt aus dem mysteriösen Buch, einer dieser messianischen Rabbiner des neuen Israel, der zur Ablösung mancher anderer gekommen ist...?

*

William Hechler muss vor seinem Tod aber noch andere Dramen miterleben.
Der allergrößte Teil der englischen Beamten in Palästina stammt aus den Kolonien: Rhodesien (Simbabwe), Sierra Leone, Goldküste (Ghana) oder Kenia – alles Gebiete, wo es üblich war, die Eingeborenen mit der Peitsche anzutreiben. Und wer würde behaupten wollen, diese »Juden« seien nicht »Eingeborene« wie alle andern? Schwieriger allerdings zu handhaben als die andern, das muss man sagen; wenig untertänig, aber stolz, schlechtere Charaktere und die Köpfe voller unsinniger Projekte. Glücklicherweise sind da auch noch die arabischen Fellachen und Kleinbürger, die die Überlegenheit des (britischen) Meisters anerkennen ...
Man schickt sich an, sich der letzten jüdischen hohen Beamten des Mandats zu entledigen: A.M. Hyamson, Direktor des Departements für Immigration (der indes sein Bestes getan hat, die Immigration gemäß den erhaltenen Befehlen in Grenzen zu halten), und des Generalstaatsanwaltes Normann Bentwich.
Man hatte zuverlässige Handlanger, geschickte Mörder gefunden, die oft allerdings zu eifrig waren, sodass man sie offiziell tadeln musste, während man sie hinter den Kulissen beglückwünschte! Der Kopf dieser Mörder war Hadj Amin el Husseini, ägyptischer Herkunft, verurteilter Bandenchef, nach den Unruhen von 1920 mit der Beihilfe der Polizei nach Syrien

geflüchtet. Dank guten Verhaltens (?) wird er vom Hochkommissar für Palästina, einem englischen Juden namens Herbert Samuel, begnadigt. Danach wird er von diesem trotz heftigen arabischen Widerstands zum Groß-Mufti von Jerusalem ernannt (ein vom Islam nicht anerkannter Titel). Eine Art palästinensischer Aga-Khan also, mitten im Herzen der jüdischen Heimstätte, eigens für die Zwecke der Sache geschaffen. Damit kann der Mann nun ganz offiziell unter dem Deckmantel seiner administrativen und religiösen Funktionen andere Pogrome und Morde organisieren. Er übt dabei keinerlei Zurückhaltung. Man wird ihn anlässlich der ersten Nazi-Kundgebungen selber als Nazi-Agent von Jerusalem sehen; man findet ihn wieder als persönlichen Gast Hitlers in Berlin, beauftragt mit der Formation muslimischer SS- Regimenter und danach mit der Propaganda zur »Endlösung der Juden« und der »Befreiung Palästinas«.[1]

*

Ab 1922 wird in einem Weißbuch, das den Namen Churchills trägt, die jüdische Immigration beträchtlich eingeschränkt. Immerhin folgen auf die »Regierungszeit« von Herbert Samuel drei Jahre der Ruhe und des Gedeihens unter dem Prokonsulat Lord Plumers (bis 1928), der keinerlei Unruhen zulässt und dies dem Mufti und seiner Bande gleich zu Beginn klar zur Kenntnis bringt.

Doch kurz nach der Abreise des zweiten Hochkommissars entfacht Husseini ein noch viel schlimmeres Pogrom als das vorangegangene, indem er das Gerücht ausstreut, die Zionis-

---

[1]) 1945 als Kriegsgefangener der französischen Armee bleibt er unter Hausarrest im Departement Seine-et-Oise, von wo er, wahrscheinlich mit dem Segen des Intelligence Service, entführt wird. Danach gehört er als graue Eminenz zu den nazistischen Beratern Nassers, die mit der Vorbereitung zur Liquidation des Staates Israel betraut waren ...

ten würden sich bereitmachen zur Zerstörung der Omar-Moschee und zum Wiederaufbau des Tempels!

Wenige Meter von der Moschee erhebt sich die Klagemauer; Unrat jeder Art wird darüber ausgeleert, und ein englischer Offizier stört die Juden beim Gebet, was fortan unter den Mördern den klassischen Schrei auslöst: »Die Regierung mit uns!« Am 16. August 1929 brechen die Massaker aus: gleichzeitig in Jerusalem, Hebron und Safed, am Rand einiger landwirtschaftlicher Kolonien und in Jaffa. Die Unruhen dauern über acht Tage, meist bei völliger Gleichgültigkeit der englischen Polizeikräfte. Dann werden alle Juden, die im Besitz einer Waffe angetroffen werden, verhaftet. Eine Abordnung vom Kibbuz Ekron, die wegen ihres bedrohten Viehs um Ratschlag nachsucht, bekommt vom englischen Distriktoffizier zur Antwort: »Bringen Sie es in Ihrer Synagoge unter!« Erregung in der ganzen Welt: Lawrence in Person erklärt, dass 400 Polizisten die Ruhe sofort wiederherstellen könnten. Rabindranath Tagore klagt England an, in Palästina vorsätzlich einen Zustand von Bürgerkrieg aufzurichten, um die nationale jüdische Heimstatt zu vernichten, um damit auf immer Herr im Land zu bleiben. Die zwei Hauptverantwortlichen für die Aufrechterhaltung von Ruhe und Ordnung werden wie folgt »bestraft«: Der erste, Luke, im Amt des Gouverneurs, wird zum Gouverneur von Malta ernannt, und der zweite, Caffetera, der sich damit zufrieden gegeben hat, dem Massaker in der heiligen Stadt Hebron beizuwohnen, wird für sein »Heldentum« dekoriert ...

Eine britische Untersuchungskommission wird nach Palästina entsandt. Sie veröffentlicht in Frühling 1930 den Bericht Shaw. Man könnte nur schwerlich einen zynischeren Rapport finden als diesen: Die Verantwortung für die Massaker wurde den »zionistischen Aktivitäten« untergeschoben und ihre Landkäufe als »Enteignung der armen Fellachen« bezeichnet! Man müsse demzufolge die jüdische Immigration verstärkt drosseln. Ein einziges Mitglied dieser Kommission, Lord Snell, erlaubt sich, die Schlussfolgerungen dieses Berichtes in Frage zu stellen. Er klagt die Mandatsträger an, sie würden die Araber in der Ansicht ermutigen, sie »erlitten großen Schaden und die jüdischen Immigranten stellten eine dauernde Gefahr für ihr Leben dar...«, derweil die zionistischen Aktivitäten den Wohlstand im Land gefördert und den Lebensstandard der Arbeiter und Fellachen maßgeblich gehoben hätten.

Lloyd George greift vor dem Abgeordnetenhaus den Bericht Shaw an:

»*Der von der Regierung, die ich präsidierte, 1919 von Technikern und Ingenieuren ausgearbeitete Bericht hat ergeben, dass durch eine intelligente Planung dem arabischen Teil des Landes eine Million Aren beigefügt werden und damit die Bevölkerung um das Sechzehnfache erhöht werden könnte!*«

Lord Snell erlaubt sich, am Ende des Berichtes eine Notiz anzufügen, die die kriminellen Aktivitäten des Mufti brandmarkt; diese Notiz wird nicht veröffentlicht...

Eine zweite Kommission, geleitet von Sir Hope-Simpson, wird vor Ort geschickt, um die Schlussfolgerungen der ersten zu überprüfen. Dieser zweite Bericht wird am 20. November 1930 publiziert und ist noch härter und zynischer als der erste. Und derselbe Lloyd George ruft entrüstet in die Parlamentsrunde:

»*Er wagt es nicht, den Zionismus mit einem Schlag zu töten, er versucht, ihn einfach aufs Eis zu legen!*«

Schließlich, zur Krönung der Sache, publiziert London ein zweites Weißbuch, das den Namen von Lord Passfield trägt, eine sonderbare Persönlichkeit, dem Marxismus zugeneigt und den Zionismus als Missgeburt verdammend! Dieser Lord hat am 11. November 1930 der »Jewish Daily Forward« erklärt: »Als Sozialist widersetzte ich mich den neuen Immigranten, nicht weil es Sozialisten und Gewerkschafter sind – aber weil es Zionisten sind.« Verstehe wer wolle – doch der

Sozialismus eines begüterten Sozialisten der Abgeordnetenkammer der Lords ist augenfällig weit entfernt von jenem der Pioniere, die im Kampf gegen die Malaria die Grundlagen einer neuen Gesellschaft zu bauen versuchen...!
Dieses Weißbuch empfiehlt die vollständige Sperre jeglicher jüdischer Einwanderung, das sicherste Mittel, diesmal den »Zionismus mit einem Schlag zu vernichten« und gleichzeitig ein für allemal die Regierungserklärung namens BALFOUR zu begraben. Haim Weizmann, Präsident der Jüdischen Agentur, der bis dahin die britische Palästinapolitik der Beschwichtigung mit eingebauten Bremsen gelehrsam mitverfolgt hat, reicht daraufhin seine Demission ein.
Zum Abschluss dieses traurigen Kapitels des Sterbens der würdigen Idee von Versöhnung zwischen Juden und Arabern wollen wir festhalten, dass die britische Regierung dieser Jahre unter Präsident MacDonald eine sozialistische war!

*

William Hechler verfolgt seit einigen Jahren die Fortschritte einer neuen deutschen Partei, angeführt von einem gewissen Hitler, dessen Programm die »Ausrottung der jüdischen Plage im ganzen deutschen Raum« propagiert.
Es gehört zum guten Ton, dieser Partei und ihrem Führer die kalte Schulter zu zeigen. Hechler lässt sich nicht täuschen: Die Finanzmagnaten, die Industriellen, aber auch Nuntius Pacelli unterstützen diesen Abenteurer; er hat somit alles, um zum Erfolg zu kommen. Kündet diese Bewegung nicht die »Geburtswehen Jakobs« an?
Der politische, rationelle und wissenschaftliche Antisemitismus, geboren in Österreich, wird sich über ganz Europa ausbreiten, wo der Boden bestens vorbereitet ist durch Jahrhunderte eines schlechten christlichen Katechismus. Mit Moskau, das sich traditionell dem Zionismus als ketzerische Bewegung entgegenstellt, und London, das bereits eine Politik zu seiner Erstickung begonnen hat, ist schlecht auszumachen, wie die-

ser rasende Nazi in seinen Absichten eines jüdischen Völkermordes aufgehalten werden könnte. Mit ihren Vorbereitungen zur Schließung der Tore Palästinas (1939 vollendet ...) liefert London, gewiss unabsichtlich, Millionen Juden den kommenden europäischen Verbrennungsöfen aus ...
Hechler ahnt das Massaker. Keine Wolke verfinstert mehr seine zerfetzte prophetische Vision des Zionismus. Er kann sterben.

*

Der Mann, der so oft die Sache der Rückkehr nach Zion vor Prinzen und Diplomaten verfochten hat – er kann sterben; er hat den Wert menschlicher Versprechungen kennen gelernt.
Der Mann, der 1917 bei der Befreiung Jerusalems ausgerufen hat: »Die Prophetien erfüllen sich!«, kann sterben; er hat die Militärs und die Kolonialisten am Werk gesehen mit ihren Pogromen, mitten im Herzen Jerusalems.
Da es eines ersten Weltkrieges bedurfte, um die Befreiung Jerusalems vom heidnischen türkischen Joch durchzusetzen, wird es ohne Zweifel einen zweiten Weltkrieg brauchen, um die jüdische Heimat zu schaffen – mit wieviel Schmerzen und Blut ... Er wagt nicht daran zu denken – er kann sterben. [1]

Er stirbt in Einsamkeit, Verlassenheit und Armut seines Allgemeinzimmers im Midway Memorial Hospital in London am 30. Januar 1931. Er war mehr als 85 – vor 45 Jahren war er dem Fürsten seiner Visionen begegnet.

---

[1]) Einige Monate vor seinem Tod hat William Hechler dem Schwiegersohn des Zionistenführers Sokolov eröffnet: »Ein Teil des europäischen Judentums wird geopfert werden müssen für die Auferstehung Ihrer Heimat ...« Man hat damals seine Worte nicht begriffen.

Eine offizielle zionistische Delegation war zum bescheidenen Begräbnis »des sehr ergebenen Freundes« gekommen, auf seinem letzten Exodus nach Zion. Viele Ehrbezeugungen erschienen weltweit in der jüdischen Presse, und in vielen Sprachen wurde das ungewöhnliche Schicksal dieses Ritters von Jerusalem in Erinnerung gerufen.

Einige Wochen später begeben sich einige zionistische Persönlichkeiten zum letzten Wohnort des Verstorbenen, um alle Papiere im Zusammenhang mit der Geschichte der Bewegung und seiner Freundschaft mit Herzl zu sammeln. Und wer kann wissen, was für kabbalistische Verträge, welche Karten und Pläne und welch erstaunliche Visionen diese Papiere nicht enthalten haben mochten?

Doch die Hausbesitzer deutscher Herkunft haben, aus welch mysteriösen Gründen auch immer, alles verbrannt! Niemand wird so jemals die geheimen Studien dieses außergewöhnlichen Theologen kennen, dieses protestantischen Taufpaten des in der Wiege liegenden Staates Israel, wie man uns erlauben möge, ihn zu nennen.

*

Man gestatte uns auch, den Gedanken zu nähren, dass unter diesen zerstörten Papieren des Pastors mit den patriarchalischen Gesichtszügen sich eine letzte Nachricht befand – sein eigenes geistliches Testament an die Seinen und an Israel, geboren auf dem schmerzvollen Weg in sein verheißenes Land...

GEISTLICHES TESTAMENT

»William Hechler! – Du hast diese Erde verlassen, als wir noch kleine Knaben waren. Aber der gleiche Herr ruft uns alle, durch ›Zeiten und Augenblicke‹ hindurch, über alle Nationen und Sprachen, Dogmen und Traditionen hinweg.
Du bist uns vorausgegangen, du hast uns den Weg gezeigt, du bist für uns ein alter Freund und Meister geworden. Wir erkennen dich durch deine Texte. Wir sind in denselben Kampf eingebunden, gefesselt von demselben Jerusalem, Geliebte desselben Zion – und es ist derselbe Geist, der uns führt.
Vor mehr als sechzig Jahren haben die Flammen deine demütigen Schriften, deine rührenden Studien zerstört. Aber sie haben nicht zerstören können, was deine und deines Fürsten Hoffnung war: Sie haben Israel nicht zerstört. Sie haben sie nicht ausgelöscht und werden sie niemals auslöschen können, nämlich die messianischen Grenzen der Heimat Israels Gottes. Alter Meister, gestorben in der Einsamkeit und Armut der echten Diener Gottes, gestorben fünfundzwanzig Jahre nach deinem Fürsten, der nun auf dem höchsten Hügel Jerusalems ruht, der auch seinen Namen trägt – wir kennen ihn auswendig, den Text deiner letzten Botschaft an deine jüdischen Brüder, an deine christlichen Brüder.«

*

»Kinder Israels, meine Brüder!
Von Benares nach Jerusalem – der Weg war lang und voller Glut.
Mein Leben geht zur Neige und bald werdet ihr mich vergessen haben.
Ich empfinde keine Bitterkeit, denn war ich nicht jenes kleine Zeichen auf eurem endlosen Weg der Schmerzen und des Exils?
Ein Zeichen der Hoffnung, eine christliche Hand, die euch Jerusalem zeigte; eine Stimme, die zur Rückkehr mahnte?
Wenn ihr eure Heimat haben werdet, bleibt untereinander verbun-

den, so wie viele von euch um euren Fürsten versammelt waren, um meinen für euch gestorbenen Freund.

Viel mehr als euer Mut, der groß ist, viel mehr als eure Arbeit, die bewundernswert ist, ist der Geist Gottes, der euch nach Zion zurückführen wird. Vergesst es nicht! Mögen die Schriften Moses und der Propheten für immer inmitten eurer Nation bleiben – nicht nur das ehrfürchtige Buch eurer biblischen Vergangenheit, aber die wahrhaftige Flamme, die damals in der Wüste Sinai gebrannt und eure Väter geführt hat ...

Ihr werdet euch wehren und kämpfen müssen, aber ein ANDERER wird die Schlachten für euch gewinnen und ihr wisst, dass eines Tages die Waffen vernichtet werden, an dem Tag, wo JENER kommen wird, den wir gemeinsam erwarten und wo wir alles verstehen werden ...

Ihr werdet allein sein inmitten gleichgültiger und feindlicher Nationen. Vergesst nicht, dass nur im Namen Gottes die Bündnisse geschlossen werden.

Eure Wüsten, die blühen werden, und die Kinder, die schon in der Abendmilde singen, was, meine Freunde, meine Brüder, könnten sie anders sein, wenn nicht der Jubel des Messias, der wiederkommt in Ruhm, Ehre und, diesmal, in Allmacht ...?!

Und wenn ihr eines Tages könnt, wäre es mein Wunsch, israelische Brüder, lasst meine sterbliche Hülle an der Seite meines Freundes ruhen, den ich so sehr geliebt und sterben gesehen habe ...«

*

»Meine christlichen Brüder!

Mein Name ist unwichtig. Wer erinnert sich meiner in der Stunde des Todes? Es ist in der Kirche nicht üblich, sich derer zu erinnern und die zu lieben, die Zion und die Seinen lieben ...

Ich hatte mit Prinzen zu tun und habe ihre Gesellschaft als bitter empfunden. Aber es ging darum, einige Türen zum neuen Jerusalem aufzuschließen ...

Ihr habt Israel, euren älteren Bruder, vergessen, und ihr habt euch über seine Rückkehr ins Vaterhaus nicht gefreut. Auch wir haben

Jerusalem vergessen und alles, was es für uns bedeutet: Unsere Hoffnung ist vertrocknet, und deshalb setzen wir unser Vertrauen auf Mächte der Lüge und des Todes.
Versucht, Israel nicht zu verlassen, wenn es allein sein wird und umgeben von Feinden, sich in der Wüste quälend und überhäuft von der erdrückenden Last der Aufnahme seiner Kinder, die zurückkehren von allen Horizonten...
Erinnert euch, dass vormals die Heiden in Babylon die heimkehrenden Juden mit Geschenken bedachten... Trachtet danach, den Juden ebenso gute Christen zu sein wie die Heiden von Babylon...
Nicht nur die Namen aus der Bibel und ein paar Ruinen sollten Euch dort mit Ergriffenheit erfüllen – nicht nur einige täuschende und enttäuschende heilige Stätten... Lasst Israel nicht allein den Weg des Herrn bereiten! Theologen der Kirchen, meine Kollegen, lange genug habt ihr die Texte durchforscht, die Propheten seziert und ihre Worte des Lebens nach eurem Gutfinden geformt..., als wenn es sich um Worte einer profanen Geschichte gehandelt hätte und nicht um Worte, die noch immer ZUERST Israel gehören!
Es ist Zeit für euch, für den Frieden Jerusalems zu bitten, für die Glückseligkeit der Versöhnung aller Kinder Abrahams. Und wenn die Pioniere Israels nicht realisieren, dass es der Heilige Geist ist, der sie zusammenführt und schützt, ist es an euch, es ihnen zu sagen, anstatt zu versuchen, sie unter euren Kirchtürmen – die nicht Christus sind – versammeln zu wollen, anstatt sie einzubinden und gefangen halten zu wollen in eurer Dogmatik und euren Traditionen – die nicht die Worte Christi sind.
Ihr seid, und wir alle sind, wie Hesekiel umgeben von den vertrockneten Gebeinen Israels aus den Gräbern der Nationen.
Von wo wird er kommen, jener Hauch zu ihrer messianischen Wiederbelebung?
Und wer wird ihn ankündigen?«

ENDE

Jerusalem und Kibbuz Nezer-Sereni (ehemals Buchenwald)
Juni 1962 – Dezember 1964 · Deutsche Fassung April 1997

QUELLENNACHWEIS

AGRONSKY, GERSHON: Jewish Reclamation of Palestine (Washington 1927)
ANTONIUS, GEORGE: The Arab Awakening (London 1938)
BALFOUR, LORD: Speeches on Zionism (London 1928)
BEIN, ALEX: Theodor Herzl (New York 1962)
BENTWICH, NORMAN: Palestine of the Jews (London 1919)
BREMOND, ED.: Le Hedjaz dans la guerre mondiale (Paris 1931)
CHAGNY, L.M.: L'anglais est-il juif? (Paris 1895)
CHOURAQUI, ANDRE: Théodore Herzl (Paris 1960)
COHEN, ISRAEL: Le mouvement sioniste (Paris 1946)
DUNCAN, J.G.: The Accuracy of the Old Testament (London 1930)
EAKELEY, C.W.: Prophecy and History (Newark, N.Y. 1915)
EINSTEIN, ALBERT: About Zionism (London 1930)
ELLERN, HERMANN: Herzl, Hechler, the Grand Duke of Baden and the German Emperor (Tel Aviv 1961)
GUEDELLA, PH.: Napoleon and Palestine (London 1925)
HAY, MALCOLM: Europe and the Jews (Boston 1950)
HERZL, THEODOR: Der Judenstaat (Wien 1896)
  Altneuland (Wien 1902)
  Tagebücher
HUDGINGS, FR.: Zionism and Prophecy (New York 1936)
HERZBERG, A.: The Zionist Idea (New York 1959)
ISAAC, JULES: Genèse de l'Antisemitisme
JABOTINSKY, V.: Turkey and the War (London 1917)
JASTROW, W.: Zionism and the Future of Palestine (New York 1919)
JAFFE, BENJAMIN: A Herzl Reader (Jerusalem 1960)
KALLEN, H.M.: Zionism and World Politics (Toronto 1921)
JEHUDA, JOSUE: Sionisme et Messianisme (Genf 1954)
KIMCHE, JOHN: Seven fallen Pillars (London 1950)
KISH, F.H.: Palestine Diary (London 1938)

KASSAB, FARID: Le nouvel empire arabe, La Curie romaine et le prétendu péril juif (Paris 1906)
KOBLER, FRANZ: The Vision was There (London 1956)
LANDAU, S.R.: Sturm und Drang im Zionismus (Wien 1913)
LAWRENCE, COLONEL: Revolt in the Desert (London 1927)
LE STRANGE, GUY: Les troubles sanglants en Palestine (Bruxelles 1936)
MARGULIES, H.: Kritik des Zionismus (Wien 1920)
NORDAU, MAX: Ecrits sionistes (Paris 1936)
PINSKER, LEON: Auto-emancipation (Berlin 1882)
RABINOWITZ, O.: Fifty Years of Zionism (London 1952)
SAMUEL, H.: Unholy Memories of the Holy Land (London 1930)
SINEBOTHAM, H.: Great Britain and Palestine (London 1937)
SHAFTESBURY, LORD: Tagebücher
SOKOLOV, NAHUM: History of Zionism (New York 1919)
STOYANOVSKI, J.: The Mandate of Palestine (London 1928)
SWAINE, EDWARD: Objections to the Doctrine of Israels Future Restoration to Palestine (London 1828)
TREVOR, DAPHNE: Under the White Paper (London 1948)
STEIN, LEONARD: The Balfour Declaration (London 1961)
TRISTAM, H.B.: The Land of Israel (London 1865)
VAN PAASSEN, P.: L'allié oublié (Paris 1947)
   Days of our Years (New York 1946)
VON WEISL, W.: Der Kampf um das Heilige Land (Berlin 1925)
WEISGAL, M.: Herzl, a Memorial (New York 1929)
WEIZMANN, H.: Trial and Error (London 1949)
YAHOUDA, A.S.: The Accuracy of the Bible (London 1934)
ZIFF, William: The Rape of Palestine (New York 1938)

»Jews and Arabs in Palestine« (Arlosoroff-Ben-Gourion, New York 1936)
»La Palestine de Balfour à Bevin« (Terre Retrouvée, Paris 1946)

CHRONOLOGISCHE CHRISTLICH-ZIONISTISCHE BIBLIOGRAPHIE

1585 – FRANCIS KETT, The Glorious and Beautiful Garland Containing the Godly Mysteries of Heavenly Jerusalem (der Königin Elisabeth gewidmet)
1608 – THOMAS DRAXE, The Calling of the Jews
1609 – THOMAS BRIGHTMAN, Apocalypsis apocalypseos
1621 – SIR H. FINCH, The World's Great Restoration
1621 – WILLIAM LAND (Erzbischof von Canterbury), A Latin Discourse on the Calling of the Jews (scharfe Kritik des vorgehenden Werkes)
1629 – JOSEPH MADE, Clavis apocalyptica
1642 – JOHN ARCHER, The Personal Reign of Christ upon Earth
1642 – AMOS COMENIUS, The Way of Light
1648 – SAMUEL GOTT, Novae Solymae
1671 – GILES FLETCHER, Essay... that the Present Tartars are the Posterity of the Ten Tribes of Israel
1677 – SAMUEL LEE, The Restoration of Israel
1686 – PIERRE JURIEU, L'accomplissement des prophéties
1696 – HOLGER PAULLI, Plan for the Re-establishment of the Jewish State (adressiert an König Wilhelm III.)
1698 – THOMAS BURNET, Appendix de futura judaecorum restoratione
1733 – ISAAC NEWTON, Observation upon the Prophecies of Daniel and the Apocalypse of John
1753 – WILLIAM WHISTON (Newtons Nachfolger an der Universität Cambridge), Memoiren
1742 – RICHARD HURD (Erzbischof), An Introduction to the Prophecies
1746 – SAMUEL COLLET, Treatise on the Future Restoration of the Jews

1749 – DAVID HARTLEY, Observation on Man (über das Schicksal der Juden)
1754 – THOMAS NEWTON (Erzbischof), Dissertation on the Prophecies
1771 – JOSEPH EYRE, Observation upon the Prophecies
1752 – REV. HOLLINGSWORTH, Remarks upon the Present Conditions and the Future of the Jews in Palestine
1787 – JOSEPH PRIESTLEY, Letters to the Jews
1795 – RICHARD BROTHERS, A Revealed Knowledge of the Prophecies
1798 – EDWARD KING, Remarks on the Signs of the Times
1799 – HENRY KETT, History, the Interpreter of Prophecy.
1800 – JAMES RICHENO, The Restoration of the Jews; the Crisis of all Nations
1800 – THOMAS WITHERBY, To the Jew's Distinguished Nation
1803 – THOMAS WITHERBY, Attempt to Remove Prejudices Concerning the Jewish Nation
1807 – G.G. FABER, Dissertation on the Prophecies.
1830 – HUGH MAC-NEILE, Popular Lectures on the Prophecies Relative to the Jewish Nation
1830 – ED. BICKERSTETH, The Restoration of the Jews to their own Land
1830 – AL. MAC CAUL, New Testament Evidence that the Jews are to be Restored to Their own Land
1838 – LORD LINDSAY, Letters on Egypt, Edom and the Holy Land
1839 – LORD SHAFTESBURY, State and Prospects of the Jews

1839 – GENERAL ASSEMBLY OF THE CHURCH OF SCOTLAND, Memorandum to the Protestant Monarchs of Europe
1843 – ALEX KEITH, The Land of Israel According to the Covenant with Abraham, Isaac and Jacob

1843 – ELIZABETH BROWN, Judah's Lion
1847 – BENJAMIN DISRAELI, Tancred of the New Crusade
The Wonderous Tale of Alroy
The Jewish Question and the Oriental Problem
1845 – GEORGE GAWLET, Tranquillisation of Syria and the East
1851 – B. MUSSOLINO, Gerusalemma e il popolo ebreo
1851 – SAMUEL GAUSSEN, Genève et Jérusalem
1849 – JOHN THOMAS, Elpis Israel
1854 – W.H. JOHNSTONE, Israel in the World
1860 – ERNEST LAHARANNE, La nouvelle question de l'Orient, reconstruction de la nationalité juive
1861 – A.F. PETAVEL, Israel, peuple de l'avenir
1861 – DAVID BROWN, The Restoration of the Jews
1875 – CHARLES WARREN, The Land of Promise
1875 – ROBERT BROWNING, The Holy Cross Day
1876 – GEORGE ELIOT, Daniel Deronda
1877 – JAMES NEIL, Palestine, Re-peopled, a Sign of the Times
1878 – EDWARD GAZALET, Address on the Eastern Question
1880 – LAURENCE OLIPHANT, The Land of Gilead
1883 – The Jews and the Eastern Question
1884 – ALEX. BRADSHAW, Modus operandi in Political and Moral Forecast Concerning the East
1881 – GEORGE NUGEE, England and the Jews: Their Destiny and Duty
1882 – WILLIAM HECHLER, The Restoration of the Jews
1891 – W. BLACKSTONE, Palestine for the Jews

ZEITGENÖSSISCHE STUDIEN

RAYMOND CHASLES: Israel et les Nations
    (Ed. Patmos, 1960)
CLAUDE DUVERNOY: Le Sionisme de Dieu
    Jésus et la Communauté nazaréenne
ARTHUR W. KACS: The Rebirth of the State of Israel
    (London 1858, Marshall, Morgan & Scott)
WILLIAM HULL: The Fall and Rise of Israel
    (Zondermann Press 1954)

BIOGRAPHISCHER INDEX

ABDUL HAMID II. (1842–1918): Wurde 1876 türkischer Sultan. Seine Regierungszeit war geprägt von einer Reihe von Misserfolgen, die 1909 zu seiner Absetzung führten.
1877 Niederlage gegen die Russen. 1878 verlor er Zypern, dann in Folge Tunesien (1881), Ägypten (1882) und Kreta (1897). Er lebte sozusagen in einem Elfenbeinturm und überließ seine Minister und ihr Gefolge ihren eigenen Korruptionsskandalen. Herzl übte auf ihn einen tiefen Eindruck aus, doch gelang es ihm nicht, die 50 Millionen Goldpfund zusammenzubringen, die zweifelsohne den Weg zu einem vorzeitigen Staat Israel erschlossen hätten.

ALLENBY, LORD: Englischer Heerführer, dem die bedeutungsvolle Rolle als Befreier Jerusalems aus der «Knechtschaft der Heiden» zukam. Am 9. Dezember 1917 eroberte er ohne einen einzigen Gewehrschuss (erstmals in ihrer tragischen Geschichte!) die biblische Hauptstadt. Zu Beginn der Belagerung telegrafierte Allenby seinem König, da er Jerusalem nicht in eigener Verantwortung beschießen wollte; der König respektierte seines Generals Bedenken. Dieser hatte nun die Eingebung, eine Fliegerstaffel im Tiefflug über die Heilige Stadt brausen zu lassen, was die Flucht der türkischen Truppe zur Folge hatte. (Dreißig Jahre später hat ein anderer englischer General – Glubb, genannt Pascha – seine Batterien in nächster Nähe der heiligen Stätten in Stellung gebracht, um das jüdische Jerusalem wochenlang zu beschießen – ohne dass solches Tun auch nur den geringsten Protest der anwesenden Bischöfe und andern christlichen Würdenträger heraufbeschworen hätte.) Nach dem Palästinafeldzug wurde Allenby zum Vicomte von Megiddo ernannt, zur Erinnerung an seinen Sieg über die Türken in jenem berühmten Tal von Harmagedon. Später wurde er Hochkommissar von Ägypten, wo er mit eiserner Hand regierte.

BALFOUR, LORD (1848–1930): Schottischer Staatsmann. Bewies erstmals seine Qualitäten 1887 als Staatssekretär für Irland. Premier-Minister von 1902 bis 1904. Erster Lord der Admiralität beim Ausbruch des Krieges, dann im Außenministerium der Regierung von Lloyd George. Unterschrieb als solcher die berühmte Deklaration, die seinen Namen trägt und Geschichte gemacht hat. Sie hat aus ihm gewissermaßen einen zweiten Kyros gemacht. Er nahm an der Konferenz von Versailles (Waffenstillstand) teil und vertrat sein Land im Völkerbund. Machte 1925 eine triumphale Reise nach Palästina, musste aber Syrien wegen Bedrohung durch die Araber verlassen.

BEACONSFIELD, LORD (1804–1881): Seines Namens Benjamin Disraëli; ebenso Schriftsteller wie Staatsmann. Er verankerte die überragende Größe Großbritanniens, indem er Königin Viktoria den Titel der Kaiserin von Indien anbot und den Besitz Zyperns erwarb. Er spielte eine vorherrschende Rolle am Berliner Kongress. Sehr jung zum protestantischen Glauben bekehrt, blieb er stets stolz auf seine hebräische Abstammung und war einer der Vorläufer des politischen Zionismus.

BEN-YEHUDA, ELIEZER (1858–1922): Unbestrittener Vater des modernen Hebräisch. Kam 1882 nach Palästina und schwor vor den Seinen, fortan das Wort an sie nur in Hebräisch zu richten. Als Verfasser des hebräischen THESAURUS hatte er stets gegen die streng Konservativen der Synagoge zu kämpfen, die seine Haltung als Gotteslästerung brandmarkten.

BENTWICH, HERBERT (1856–1932): Englischer Anwalt. Organisierte 1897 eine Wallfahrt nach Palästina und beriet später Weizmann bei seinen Vorbereitungsarbeiten zur Balfour-Deklaration. – Mit seiner Gattin Suzanne, geborene Solomon, zog er eine bemerkenswerte Familie auf, die sich später großteils in Palästina niederließ. William Hechler war einer der intimen Londoner Freunde dieses echten zionistischen »Klans«.

BOYD-CARPENTER (1841–1918): Anglikanischer Kirchenmann. Er wurde 1884 Bischof von Ripon, dann Domherr von Westminster. Als Autor zahlreicher theologischer Schriftwerke unterstützte er durch die Vermittlung Hechlers die Bemühungen Herzls mit großer Herzlichkeit.

BUBER, MARTIN (1874–1965): Israelischer Humanist und Theologe aus Galizien. Spezialist der mystischen Bewegung namens Chassidismus. – Im Ausland ebenso bewundert wie in seinem Heimatland, ist er Autor einer Übersetzung der hebräischen Bibel in poetisches Deutsch. Er war lebhaft beeindruckt von seinen verschiedentlichen Begegnungen mit William Hechler, den er gerne als »großen Visionär« bezeichnete.

BÜLOW VON, BERNHARD (1849–1929): Deutscher Staatsmann, listiger Diplomat. Wurde 1894 Außenminister Kaiser Wilhelms II., dann 1900 Reichskanzler. Spitzfindiger Feind des Zionismus.

CHAMBERLAIN, JOSEPH (1836–1914): Englischer Staatsmann, Führer der liberalen Partei und Kolonialminister ab 1895. Spross einer protestantischen Familie, die sich vom Anglikanismus abgewandt hatte, verstand er die Vision Herzls in ihrer ganzen Tragweite.

CROMER, LORD (1841–1917): Sein ursprünglicher Name war Evelyn Baring. Er war Kolonialadministrator in Indien und wurde anschließend mit der Untersuchung der ägyptischen Staatsschulden beauftragt. In dieser Funktion erreichte er 1879 den Sturz des Khediven Pascha. Nach erneutem Aufenthalt von drei Jahren in Indien kam er mit dem unbedeutenden Titel eines Generalkonsuls nach Ägypten zurück, wo er nichtsdestotrotz bis zu seiner Demission 1907 unumschränkter Herr war. War dem zionistischen Projekt El-Arish feindlich gesinnt und hielt Herzl für einen »überschwänglichen Fantasten«.

DREYFUS, ALFRED (1859–1935): Wurde als französischer Generalstabsoffizier 1894 der Spionage zugunsten Deutschlands angeklagt und zu lebenslanger Haft auf der Teufelsinsel verurteilt. Dieses Urteil wurde vom Kassationshof 1899 auf 10 Jahre verkürzt; vom Staatspräsidenten wurde Dreyfus schließlich begnadigt und 1906 vom selben Gerichtshof für unschuldig erklärt, zum Major befördert und mit der Legion d'Honneur ausgezeichnet. Er beendete den 1. Weltkrieg im Rang eines Oberstleutnants. Seine dramatische Geschichte wird zum Anlass einer Gesinneswandlung für einen den Prozess mitverfolgenden Parlamentsjournalisten names THEODOR HERZL.

DRUMONT, EDOUARD (1844–1917): Schriftsteller und französischer Abgeordneter für Algerien. Fanatischer Theoretiker des Antisemitismus. Sein ›France Juive‹ verzeichnete Hunderte von Auflagen und seine ›Libre Parole‹ machte aus ihm einen Vorläufer gegen den Nazi-Antisemitismus. Trotz anderer Überzeugung bewunderte er den Plan Herzls, was den Fürsten des Zionismus zur bitteren Aussage bewegte: »So können mich die reichen Juden, die die ›Parole Libre‹ lesen, wenigstens kennenlernen...«

DRYANDER VON, ERNEST (1843–1922): Lutheranischer preußischer Pastor, Kaplan am Hof Wilhelms II. In der besten Tradition der »Belle Epoque« war er ein oft angehörter Berater des Kaisers. War Hechler lose verbunden.

ELISABETH (1837–1898): Kaiserin von Österreich, Gemahlin Franz-Josephs. Wurde in Genf ermordet.

EULENBURG VON, PHILIP (1847–1921): Deutscher Diplomat, Wilhelm II. sehr nahe stehend. Botschafter in Wien von 1894 bis 1902. Wurde 1900 in den Rang eines Prinzen erhoben, musste sich aber nach einer Sittenaffäre neun Jahre später aus dem politischen Leben zurückziehen.

FEISAL: Erbprinz des Hedjaz, Sohn des Sherifs von Mekka (dieser Letztere wurde von Ibn Saud vertrieben). Vertrauter von Oberst Lawrence und guter Handlanger für die englische Eindringung in Mittelost. Wurde 1919 zum König von Syrien proklamiert, aber dann wiederum von der Macht vertrieben, weil er gegen die französische Oberherrschaft eine Revolte angezettelt hatte. Er sah im Zionismus eine einmalige Gelegenheit für die arabischen Völker, eine gewisse Unabhängigkeit von den europäischen Mächten zu erlangen. – Er gelangte vom syrischen auf den irakischen Thron. Sein Bruder Abdallah (Großvater des heutigen Königs Hussein von Jordanien) bekam im Gegenzug 1921 Transjordanien; dieses wurde seinerseits vom Territorium Palästina abgetrennt, obwohl es dem jüdischen Volk durch die Balfour-Deklaration und den Völkerbund gemäß biblischen Vorgaben zugeschlagen worden war.

FERDINAND I (1861–1948): Zweiter Sohn des Prinzen von Sachen-Coburg, dem man 1886 den bulgarischen Thron anbot. 1908 brach er alle Bindungen zur Türkei ab und erklärte die Unabhängigkeit Bulgariens. Dem Zionismus wohlgesinnt traf er sich mit Herzl. 1918 trat er zugunsten seines Sohnes Boris ab.

FRIEDRICH VON BADEN (1826–1907): Bruder Ludwigs II. von Baden, der seinen Verstand verlor. Friedrich übte während sechs Jahren die Regentschaft aus und regierte von 1858 an. Er wurde durch Heirat mit der Tochter Wilhelms I. zum Onkel durch Verwandtschaft mit dem Fürsten, den man Kaiser nennen sollte. Er war jedoch ein zu liberaler und zu guter Prinz, um bei diesem Kaiser gehört zu werden. Friedrich hatte 1871 in Versailles Wilhelm von Preußen selber zum deutschen Kaiser proklamiert. Verspürte große Bewunderung für Herzl, der ihm von Pastor Hechler vorgestellt worden war.

GASTER, MOSES (1856–1939): Geboren in Budapest, wurde er Groß-Rabbiner der sephardischen Judengemeinde Großbritanniens, zu jener Zeit praktisch einziger zionistischer Rabbiner dieses Landes. Er spielte eine überragende Rolle beim Erlass der Balfour-Deklaration. War ein Vertrauter Hechlers in London.

GEORGE, LLOYD (1863–1941): Englischer Staatsmann, der besonders durch seine protestantische Erziehung geprägt war. Abgeordneter seit 1890, war er Zeit seines Lebens ein entschiedener Gegner der Politik der Konservativen. Hatte eine zionistische Verfassung über Uganda ausgearbeitet. War sehr beeindruckt von der Persönlichkeit Herzls. Er war für England der »Churchill« des 1. Weltkrieges und beteiligte sich in Versailles sehr aktiv an der Ausarbeitung des Mandats für Palästina, wobei er gemeinsam mit seinem Glaubensbruder Wilson darauf bedacht war, dem jüdischen Volk seine «biblischen Grenzen» zu garantieren.

HIRSH de, MAURICE (1831–1896): Eisenbahnmagnat und berühmter Philantrop. War Begründer einer Gesellschaft zur Ansiedlung verfolgter Juden in Argentinien, in die er Millionen investierte. Verstand die Vision Herzls nicht; da diese aber erst im Jahre seines Todes in Erscheinung trat, konnte er die Erfüllung seiner eigenen Berufung nicht mehr erkennen.

JABOTINSKY, V. (1880–1941): Jüdischer Humanist, in Russland geboren, wo er Offizier war. Organisierte während des 1. Weltkrieges eine jüdische Legion, die maßgeblich an der Befreiung Palästinas beteiligt war. Wurde von den Engländern eingekerkert, weil er die pogromisierten Juden in Jerusalem verteidigen wollte. Man darf ihn als den geistlichen Erben

Theodor Herzls betrachten, dessen visionärer Realismus ihm eigen war. Er widersetzte sich der Kompromisspolitik der zionistischen Führungskreise angesichts der fortwährenden Verletzungen des Geistes und des Buchstabens des Palästina-Mandats. Er starb 1941 in New York, als er dabei war, eine zweite jüdische Legion aufzustellen (2. Weltkrieg). Seine sterblichen Überreste ruhen seit dem Sommer 1964 auf dem Herzlberg in Jerusalem.

JOFFE, HILLEL: Arzt in Odessa. Ließ sich 1891 in Palästina nieder, wo er sich dem Kampf gegen die Malaria und das Typhusfieber verschrieb. Er hinterließ bei der arabischen und jüdischen Bevölkerung die Erinnerung eines gesegneten, selbstlosen wundervollen Arztes. 1903 war er Mitglied der Expedition zur Untersuchung des zionistischen El-Arish-Vorhabens. Ein Kibbuzim in Hochgaliläa trägt seinen Namen (Kfar Hillel).

KAHN, ZADOK (1839–1905): Geboren im Elsass. Großrabbiner von Paris ab 1868 und ganz Frankreichs ab 1889. Gründer der Gesellschaft für jüdische Studien und Ehrenpräsident des Israelitischen Weltbundes. Unterstützte die philanthropischen Werke der Barone de Hirsh und von Rothschild, tat andererseits wenig für Herzl.

KOBER von, ERNST (1850–1919): Österreichischer Staatsmann, verschiedentlich Minister und 1900 Ministerpräsident während vier Jahren und wiederum 1916.

KORVIN-PIATROVSKA: Polnische Gräfin und Soziologin. Sympathisierte mit dem Zionismus seit dem 1. Kongress (schrieb darüber mehrere Gedichte). War eng befreundet mit dem russischen Minister Plehve und unternahm über diese Verbindung mehrere erfolglose Vorstöße mit dem Ziel, Herzl bei Zar Nicolas II. einzuführen.

LAZARE, BERNARD (1865–1903): Sozialistischer französischer Schriftsteller, geboren in Nîmes. Mitarbeiter verschiedener Zeitschriften, u.a. bei ›Revue Blanche‹ und ›Figaro‹. Autor des »L'antisemitisme, son histoire et ses causes« (1894). Setzte sich bis zu seinem Tod für Hauptmann Dreyfus ein. Als talentierter Polemist verstand er sich ausgezeichnet mit dem Journalisten und Kritiker Péguy, mit dem er befreundet war. Trennte sich von Herzl, da das zionistische Finanzgebaren mit seinem sozialistischen Bekenntnis unvereinbar war.

LIPPAY, BERTHOLD (1864–1920): In Ungarn geborener österreichischer Maler, Porträtist von Papst Pius X. Nach einer zufälligen Begegnung mit Herzl in Venedig führt er diesen beim Papst ein.

LUEGER, KARL (1844–1910): Führer der antisemitischen österreichischen »Christlich-Sozialen Partei«(!). Wurde 1895 zum Bürgermeister von Wien gewählt, doch widersetzten sich Kaiser und Regierung bis 1897 seiner Einsetzung ins Amt. Großer Vorläufer des National-Sozialismus, der bekanntlich in Österreich entstand.

MERRY DEL VAL (1865–1930): Römisch-katholischer Prälat, geboren in London, wo sein Vater Attaché der spanischen Legation war. Priester seit 1888, stieg er rasch zur Spitze der vatikanischen Hierarchie auf. Er war Sekretär der Konklave von 1903, welche Guiseppe Sarto zum Papst gewählt hatte; dieser ernannte ihn zum Staatssekretär. Von 1914 bis zu seinem Tod gehörte er zur Spitze der römischen Kirchenhierarchie.

MONTEFIORE, MOSES (1784–1885): Englischer Finanzmann italienischer Herkunft. Mit 40 Jahren zog er sich aus dem Geschäftsleben zurück und widmete sein Leben und sein Vermögen der Hilfe verfolgter Juden weltweit, besonders aber in Polen, Russland, Rumänien, Syrien und Palästina. Er sah das Wiedererstehen des verheißenen Landes voraus und legte die Grundsteine der ersten jüdischen Kolonisation. War mit Königin Viktoria freundschaftlich verbunden.

MONTEFIORE, CLAUDE (1858–1938): Führer des liberalen englischen Judentums. Hervorragender Theologe, Liebhaber klassischer Werke im Bereich der rabbinischen Literatur und der hebräischen Quellen der Evangelien. Gründete 1888 den »Jewish Quarterly Review« und präsidierte bis 1920 die »Anglo-Jewish Association«, um sich gegen den Zionismus und die Balfour-Deklaration zu stellen.

NEVLINSKY, PHILIP (1841–1899): Abenteurer polnischer Herkunft. Im Dienst der österreichischen Außenpolitik vorwiegend in Konstantinopel lebte er aber mehr von zweifelhaften undurchsichtigen Affären. Es gelang ihm, das Vertrauen Herzls zu missbrauchen, indem er ihm seine (illusorischen) Verbindungen zum Sultan und seiner Regierung vorspiegelte sowie die Publikation einer Phantomzeitung mit dem Titel »Ostkorrespondenz«.

NORDAU, MAX (1848–1923): Berühmter Arzt und Schriftsteller, geboren aus einer Rabbinerfamilie in Budapest; sein ursprünglicher Name: Simon Südfeld. Veröffentlichte 1883 »Les mensonges conventionnels de notre civilisation« (die althergebrachten Lügen unserer Zivilisation), anschließend eine »Psychophysiologie du génie«. War ein enger Freund Herzls, dessen Genie er sehr früh erkannte. Als außergewöhnlicher Redner war er gleich nach Herzl der unbestrittene Stern der ersten zionistischen Kongresse. Weil er das Projekt Uganda unterstützt hatte, wurde er das Ziel eines Attentatversuches seitens eines zionistischen russischen Zeloten. Er gehörte zu jenen, die sich nach dem Tod Herzls der Kompromisspolitik der zionistischen Führer widersetzten.

PIUS X. (G. Sarto, 1835–1914): Beim Tod von Leo XIII. 1903 zum Papst erkoren dank dem Ausschlussrecht des österreichischen Kaisers. Die Unterredung, die er Herzl gewährte, ist das klassische Beispiel eines Dialogs von Gehörlosen, wie sich solche seit Jahrhunderten zwischen Rom und Jerusalem abspielen.

PINSKER, LEO (1821–1899): Arzt in Odessa und Befürworter der Assimilation der Juden in Russland. Die Pogrome krempelten sein ganzes Wesen um. 1882 veröffentlichte er eine Studie mit dem Titel »AUTO-EMANCIPATION«, in der er nach einem eigenen jüdischen Staat ruft. Er war einer der Führer der Bewegung »Die Geliebten von Zion«. Machte auf Hechler einen tiefen Eindruck.
Herzl musste eingestehen, dass, hätte er die Thesen Pinskers gekannt, er auf die Publikation seines ›Judenstaats‹ hätte verzichten können.

PLEHVE, VIACHESLAV (1846–1904): In Litauen geborener russischer Staatsmann. Anlässlich der Pogrome zeigte man mit Fingern auf ihn als Verantwortlichen, da er zu dieser Zeit als Innenminister amtierte. Herzl traf mit ihm zusammen und machte einen so gewaltigen Eindruck auf ihn, dass er Herzl sein Bedauern ausdrückte, ihn nicht in seinen Diensten zu haben, um die schweren russischen Probleme lösen zu helfen. Er starb unter Mörderhand.

POBIEDONIOTSEV, C. (1827–1907): Jurist und russischer Staatsmann. Ab 1886 Generalprokurator der Heiligen Synode der russischen Kirche. Einer der wenigen intimen Berater Nicolas II. und blutrünstiger Antisemit, der zu wiederholen pflegte: »Es gibt nur eine mögliche Lösung des Judenproblems: ein Drittel des Landes verweisen, ein Drittel zur Taufe zwingen, den Rest hinrichten!« Verkörpert bis auf unsere Tage die Haltung der russischen Orthodoxie gegenüber dem Judaismus und dem Zionismus.

ROTHSCHILD, EDMOND (1845–1934): Chef des französischen Unternehmens gleichen Namens. Begeisterte sich für die jüdische Kolonisation in Palästina und finanzierte die Gründung und das Überleben von ungefähr vierzig Landwirtschaftskolonien.
Diese Unterstützung im Sinne eines reinen Paternalismus musste logischerweise dem politischen Zionismus Herzls entgegenlaufen. Die beiden Männer verstanden sich nicht. Nach Veröffentlichung der Balfour-Deklaration entwickelte Baron Rothschild dafür indes eine Haltung gemäßigter Sympathie. 1929 wurde er zum Ehrenpräsidenten der »Jüdischen Agentur« ernannt. Er liegt auf dem Berg Karmel begraben, in der Erde einer »seiner« Kolonien mit ausgesprochenem Provence-Charakter: Zichron Yacov.

SAMUEL, HERBERT (1870–1963): Englischer Humanist und Staatsmann. Mehrmals Minister. Vorsitzender der Liberalen Partei im Unterhaus, dann im ›House of Lords‹. Erster Hochkommissar in Palästina (1920–25). Unter seinem »Prokonsulat« wurde leider der Mufti von Jerusalem, Husseini, amnestiert und in höchste Ämter Palästinas eingesetzt. Dies erlaubte diesem, in Jerusalem und im ganzen Land verschiedene Pogrome zu organisieren. Ebenfalls unter dem Regime von H. Samuel geschah die Amputation des Heiligen Landes von Transjordanien mit den bekannten Folgen, die noch in unsern Tagen ihre verheerenden Früchte tragen.
Es scheint, dass die Wahl eines jüdischen Hochkommissars nicht unter einem glücklichen Vorzeichen gestanden hat.

SOKOLOV, NAHUM (1860–1936): Journalist und Schriftsteller, in Polen in einer kabbalistischen Familie geboren. Vorerst dem herzlschen Zionismus abgeneigt, trat er der Bewegung nach dem Ableben des Gründers bei und wurde bald zu ihrem Generalsekretär ernannt. Ließ sich 1914 in London nieder, um Diplomat der ›Jüdischen Agentur‹ zu werden. Ab 1931 finden wir ihn als Präsident der zionistischen Bewegung.

SUTTNER von, BERTHA (1834–1914): Geborene Gräfin Kinsky in Prag. Nobelpreis 1905 als Präsidentin der ›Weltvereinigung für den Frieden‹. Sie gründete ebenfalls, zusammen mit ihrem Gatten, Baron von Suttner, eine Gesellschaft zur Bekämpfung des Antisemitismus. Sie stellte sich Herzl als Person für »public-relations« zur Verfügung. Ihr wurde Gnade zuteil, einige Wochen vor Ausbruch des 1. Weltkrieges sterben zu dürfen.

VAMBERY, ARMENIUS (1832–1913): Rätselhafter, genialer Ungar, Orientalist von höchstem Stellenwert. In strenggläubiger jüdischer Familie geboren, kehrte er jeglicher Bindung zur Synagoge den Rücken. Beherrschte sehr rasch die meisten europäischen und mittelöstlichen Sprachen. Wahrscheinlich im Dienst Disraëlis durchzog er unter großen Gefahren ganz Zentralasien, verkleidet als Derwisch und unter dem Decknamen Reshid Effendi.
Trat zum Protestantismus über und bekleidete an der Universität Budapest den Stuhl für orientalische Sprachen. Öfter auf Missionsreise in Konstantinopel, gelang ihm das Wunder, den Sultan zum Freund zu gewinnen. Dank Hechler begegnete er Herzl, für den er eine kaiserliche Audienz beim Sultan erwirken konnte. Es scheint, dass er durch den Kontakt mit Herzl sich seines Heimwehs nach Jerusalem bewusst wurde.

VERNOY du, JULES (1832–1910): Hoher Militär und preußischer Staatsmann hugenottischer Abstammung. Militärgouverneur von Strassburg, dann Kriegsminister von 1889–90. Schrieb eine bedeutende Anzahl Abhandlungen über Militär-Strategie.

VICTOR-EMMANUEL III. (1869–1947): Seit 1900 König von Italien nach der Ermordung seines Vaters Umberto I. Dankte nach dem 2. Weltkrieg zugunsten seines Sohnes Umberto ab... Anlässlich seiner Unterredung mit Herzl legte er eine außergewöhnliche Klarsicht über die zionistische Zukunft im Heiligen Land an den Tag.

WEIZMANN, HAIM (1873–1952): Chemiker von großem Ruf, dessen Entdeckungen zum Sieg der Alliierten 1918 beitrugen. An der Spitze der zionistischen Bewegung bis 1948, als er erster Staatspräsident Israels wurde.

WILHELM II. (1859–1941): Kaiser von Deutschland. Litt an einer Lähmung am linken Arm, die er durch einen überspitzten Militarismus zu kompensieren suchte. Dankte 1918 ab und zog sich bis zu seinem Tod nach Doorn in Holland zurück.
War von der zionistischen Vision ziemlich angetan, begründet im Trachten nach echt Biblischem und seinen guten Kenntnissen der Schriften. Infolge seiner schlechten Umgebung am Hof und zahlreichen antisemitischen Beratern, wie beispielsweise von Bülow, dem Reichskanzler, wandte er sich mehr seinen unsinnigen Eroberungsplänen in Europa und Mittelost zu. Er zog die Türkei an seiner Seite in den Weltkrieg hinein und bewirkte dadurch die Befreiung des Heiligen Landes und Jerusalems von einer vierhundertjährigen türkischen Besetzung.

WOLFFSOHN, DAVID (1856–1914): Deutscher Geschäftsmann, geboren in Litauen. Führer der »Geliebten von Zion« in Köln. Einer der ersten Getreuen Herzls und sein bester Freund. Übernahm nach dessen Tod seine Nachfolge bis 1911.

hänssler

Hans Eißler & Walter Nänny
Israel – Heimkehr eines Volkes
Pb., 126 S., zahlr. s/w-Fotos, 6 Kartenseiten
Nr. 392.892, ISBN 3-7751-2892-1

Das jüdische Volk findet nach beinahe 2000 Jahren zurück in das Land seiner Vorfahren. Die außergewöhnliche jüngere Geschichte Israels und sein faszinierender Weg bis heute.

Bitte fragen Sie in Ihrer Buchhandlung nach diesem Buch!
Oder schreiben Sie an den Hänssler-Verlag, Postfach 12 20, D-73762 Neuhausen.

hänssler

Israel-Bildbände

Amiram Gonen
Israel gestern und heute
Gb., 31 × 24 cm, 256 S.,
Nr. 392.848, ISBN 3-7751-2848-4

Israel – heute ein blühendes, geschäftiges und modernes Land. Wie es dazu gekommen ist, erfahren Sie in diesem außergewöhnlichen Bildband: Vergleichen Sie die alten und neuen Fotos von denselben Städten und Plätzen damals und heute ... welch eine immense Aufbauarbeit. Sie erleben Gottes Segen über seinem gelobten Land!

Hilla & Max Moshe Jacoby
Bilderreise durch das biblische Land
Gb., 24 × 33,5 cm, 256 S., durchg. farbig
Nr. 392.654, ISBN 3-7751-2654-6

Überwältigend! Die faszinierendste Region dieser Erde mit der Kamera eingefangen: der Sinai, Jordanien und ganz Israel ... Die meisterhaften Fotografien sprechen von einer tiefen Liebe zu Israel und den Juden. Ein Bildband, der Ihnen unter die Haut geht.

Bitte fragen Sie in Ihrer Buchhandlung nach diesen Bildbänden! Oder schreiben Sie an den Hänssler-Verlag, Postfach 12 20, D-73762 Neuhausen.